900 exercices et problèmes CE

Janine Leclec'h-Lucas
Professeur des écoles
Jean-Claude Lucas
Professeur des écoles
Jérôme Rosa
Instituteur

HACHETTE
Éducation

Maquette intérieure : Évelyne Brossier
Maquette de couverture : Atelier Gérard Finel, Paris
Saisie et mise en page : Nord Compo – Villeneuve d'Ascq
Illustrations : Jean-Louis Goussé

ISBN : 201116291-2

43, quai de Grenelle, F 75905 Paris cedex 15

Préface

Conçu dans le même esprit que les *1 000 Problèmes* niveau CM, cet ouvrage propose un large choix d'activités mathématiques. Il est facilement utilisable par les enfants et compatible avec n'importe quelle méthode.

Cependant, cet ouvrage s'adressant à des élèves de cours élémentaire, il ne pouvait être question de ne proposer que des problèmes. Nous avons donc choisi de présenter d'abord des exercices d'application comme support et approfondissement de la leçon, avant d'aboutir à la mise en place de situations-problèmes.

Nous souhaitons que ce livre soit, pour les enseignants et les parents, un outil simple et efficace.

Les auteurs

Comment utiliser cet ouvrage ?

Les exercices et problèmes sont répartis en six grands chapitres.

I Découvrir et connaître les nombres
II Comprendre et résoudre
III Utiliser les nombres
IV Mesurer, classer, ranger
V Activités géométriques
VI Synthèse générale

Le chapitre **Comprendre et résoudre** permet de mettre en place les acquisitions fondamentales amenant l'enfant à une véritable analyse d'une situation de problème (tri de l'information, sens des opérations, etc.).

La **Synthèse générale** propose de nombreux exercices et problèmes qui aideront l'enseignant à contrôler le degré d'acquisition des connaissances.

À la fin de chaque séquence, une partie « **Je travaille seul(e)** » propose généralement deux exercices qui sont corrigés en fin d'ouvrage. Les corrigés des autres exercices et problèmes sont donnés dans le livre du maître.

Les mots qui peuvent présenter une difficulté de compréhension sont suivis d'un astérisque et expliqués en fin d'ouvrage dans un bref lexique.

Les abréviations

Mesures de longueur

mètre	m
décimètre	dm
centimètre	cm
millimètre	mm
kilomètre	km
hectomètre	hm
décamètre	dam

Mesures de masse

kilogramme	kg
gramme	g

Notion de capacité

litre	L

La monnaie

euro	€
centime d'euro	c

Le temps

heure	h
minute	min
seconde	s

Les signes

inférieur	<
supérieur	>
égal	=
différent	≠
plus	+
moins	–
multiplié par	x
divisé par	:

Table des matières

1 Découvrir et connaître les nombres

De 0 à 100

d	u
1	4 → 14

DE 0 À 9

1 Compte les voitures orange, les voitures blanches et les voitures noires.

2 Compte les bateaux.

a) Quel est le nombre total de bateaux ?
b) Quel est le nombre de bateaux ayant au moins une voile orange ?

3 Recopie et complète avec le signe < ou > .

4 Recopie et complète avec le signe < ou > .

1 ... 4	3 ... 2	4 ... 3	2 ... 0
3 ... 5	5 ... 4	1 ... 5	0 ... 1

5 Recopie et complète avec le signe = ou ≠ .

1 + 2 ... 3	4 + 1 ... 2 + 3	3 + 1 ... 2
3 ... 2 + 1	2 + 2 ... 1 + 2	1 + 4 ... 2 + 2

6 Écris le nombre qui vient avant et celui qui vient après.

... 3 ...   ... (1 + 1) ...   ... (3 + 1) ...

7 Recopie et complète avec le signe < , > ou = .

4 ... 3 + 2	2 + 5 ... 3	6 ... 2 + 4	3 + 3 ... 6
5 ... 2 + 4	7 + 2 ... 8	3 + 5 ... 4 + 3	4 + 3 ... 2 + 5

8 Recopie et complète avec le signe < , > ou = .

9 ... 4 + 4	2 + 6 ... 5 + 3	3 + 6 ... 5 + 2
3 + 2 ... 4 + 1	6 + 1 ... 4 + 5	2 + 4 ... 3 + 5

9 Écris ces nombres en toutes lettres.

6 – 2 – 5 – 4 – 8 – 7.

10 Recopie ces nombres en les classant du plus petit au plus grand.

8 – 4 – 9 – 2 – 5 – 1.

11 Recopie et complète.

2 – 4 – 6 ... – ... – ...   1 – 3 – 5 ... – ... – ...   1 – 4 – 8 ... – ... – ...

12 Recopie et complète.

4 + ... = 5	3 + ... = 9	... + 6 = 8
2 + ... = 6	... + 2 = 7	3 + ... = 6

13 Recopie et complète.

2 < ... < 4 6 < ... < 8 5 < ... < 7

14 Recopie et complète.

6 – 5 – 4 – ... 9 – 6 – ...

15

a) Combien d'enfants portent des lunettes ?

b) Combien d'enfants portent un chapeau ?

c) Combien d'enfants ne portent ni lunettes ni chapeau ?

d) Combien y a-t-il d'enfants ?

e) Qui se trouve juste avant Jérémy ?

f) Qui se trouve juste après Quentin ?

DE 0 À 19

16 Écris le nombre qui vient avant et celui qui vient après.

... 9 ...	... 13 ...	... 14 ...
... 12 ...	... 17 ...	... 10 ...

17 Recopie et complète avec le signe = ou ≠ .

4 + 5 ... 9	11 ... 5 + 6	16 ... 8 + 8
10 + 4 ... 12	19 ... 9 + 10	5 + 12 ... 15

18 Recopie et complète avec le signe < ou > .

10 + 6 ... 13	14 ... 10 + 1	16 + 2 ... 15 + 4
9 + 4 ... 11	12 ... 7 + 7	9 + 9 ... 8 + 6

19 Les dés ont été jetés.
Calcule le score.

20 Écris ces nombres en toutes lettres.
14 – 9 – 11 – 18 – 16 – 15.

21 Écris ces nombres du plus petit au plus grand.
7 – 3 – 12 – 8 – 5 – 16 – 11 – 19.

22 Écris ces nombres du plus grand au plus petit.
6 – 18 – 0 – 15 – 9 – 14 – 13 – 5 – 10.

23 Recopie et complète.
7 – 10 – 13 – … – … – … 10 – 12 – 14 – … – … – …

24 Recopie et complète ce tableau.

	nombre de cornets de glace

25 Recopie et complète avec le nombre qui convient.

6 < … < 8
12 < … < 14

17 < … < 19
9 < … < 11

14 < … < 16
11 < … < 13

26 Recopie et complète en écrivant VRAI ou FAUX.

6 + 4 = 10 …
9 + 5 = 12 + 2 …

8 + 8 = 7 + 9 …
11 + 7 = 9 + 9 …

27 Recopie et complète avec le signe < ou > .

28 *a)* Combien y a-t-il de ronds orange ?
b) Combien y a-t-il de carrés blancs ?
c) Quel est le nombre total de figures blanches ?
d) Quel est le nombre total de figures orange ?
e) Quel est le nombre total de figures ?

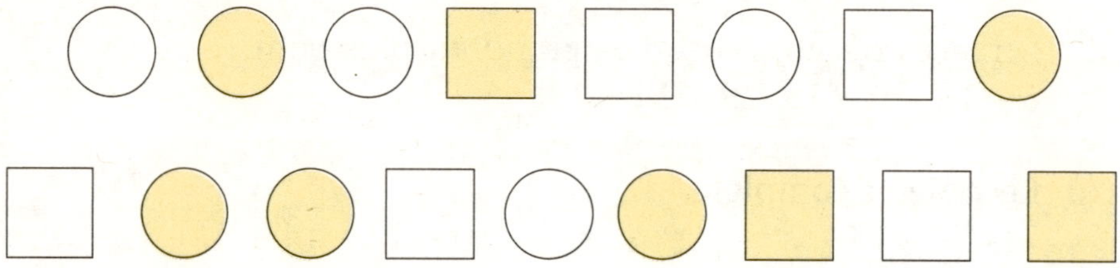

29 Trouve le nombre manquant.
18 – 14 – ... – 6 1 – 6 – ... – 16 20 – 14 – ... – 2

30 Écris ces nombres en toutes lettres.
8 – 13 – 4 – 19 – 7 – 12.

DE 0 À 50

31 Quel est le nombre total de tulipes ?

32 Recopie et complète avec le signe < ou > .

13 ... 21	19 ... 20	49 ... 16
47 ... 39	35 ... 28	38 ... 46

33 Recopie et complète avec le signe = ou ≠ .

4 + 8 ... 12	35 ... 25 + 7	10 + 10 + 4 ... 30
19 + 5 ... 15 + 9	40 ... 35 + 5	42 + 5 ... 38 + 7

34 Recopie et relie les mêmes nombres par une flèche.

26 •	• trente-huit
38 •	• vingt-six
45 •	• trente-deux
19 •	• vingt-neuf
32 •	• quarante-cinq
29 •	• dix-neuf
50 •	• cinquante

35 Écris ces nombres du plus petit au plus grand.
28 – 12 – 33 – 15 – 46 – 7 – 27 – 36.

36 Recopie et complète.
12 – 17 – 22 – ... – ... – ...   48 – 45 – 42 – ... – ... – ...

37 Écris ces nombres en toutes lettres.
24 – 37 – 49 – 13 – 28.

38 Recopie ces nombres et entoure le chiffre 3 chaque fois qu'il représente le chiffre des unités.
23 – 35 – 38 – 43 – 13 – 33.

39 Recopie et complète avec le signe < , > ou = .

16 ... 21	3 + 10 ... 5 + 5	34 ... 27 + 5
18 ... 9 + 9	24 ... 21 + 3	40 + 1 ... 36 + 8
36 ... 28	48 ... 38 + 5	42 ... 36 + 6

40 Écris tous les nombres de deux chiffres qui ont 4 pour chiffre des dizaines.

41 Écris tous les nombres de deux chiffres situés entre 12 et 50 et qui ont 5 pour chiffre des unités.

42 Recopie et complète.
31 – 34 – 37 – ... – ... – ...   41 – 37 – 33 – ... – ... – ...

43 Trouve un nombre plus petit que 44 mais plus grand que 27 ayant 5 pour chiffre des unités.

44 Écris ces nombres du plus petit au plus grand.
38 – 27 – 41 – 16 – 25 – 32 – 18 – 46 – 28.

45 Recopie et complète avec le signe = ou ≠ .

30 + 20 ... 10 + 10 + 10 + 10 + 5 + 5
10 + 10 + 10 + 2 ... 10 + 10 + 8
10 + 8 + 2 ... 10 + 10
10 + 10 + 5 ... 10 + 5 + 10
20 + 10 + 5 ... 20 + 15

46 Recopie et complète.

36 = 30 + ...	37 = ... + 7
25 = 20 + ...	29 = ... + 9
12 = ... + 2	14 = 10 + ...
48 = 40 + ...	41 = 30 + ... + 1

47 Trouve un nombre plus grand que 17 mais plus petit que 32 ayant 6 pour chiffre des unités.

48 Recopie les nombres suivants et entoure le chiffre 2 chaque fois qu'il représente les dizaines.
12 – 23 – 22 – 32 – 2 – 29 – 25 – 42.

49 Écris ces nombres en toutes lettres.
31 – 27 – 46 – 17 – 21.

50 Écris ces nombres en chiffres.
trente-neuf
vingt-quatre
dix-huit
quarante-deux
trente-trois

DE 0 À 100

51 Recopie et complète avec le signe < ou > .

64 ... 39	83 ... 78	91 ... 89
45 ... 52	76 ... 92	68 ... 71

52 Recopie et complète avec le signe = ou ≠ .

15 + 5 ... 20 + 2	72 ... 68 + 4	50 + 10 + 2 ... 62
60 + 6 ... 59	86 ... 80 + 6	94 ... 50 + 30 + 4

53 Compte le nombre total de bonbons.
... = ... dizaines et ... unités.

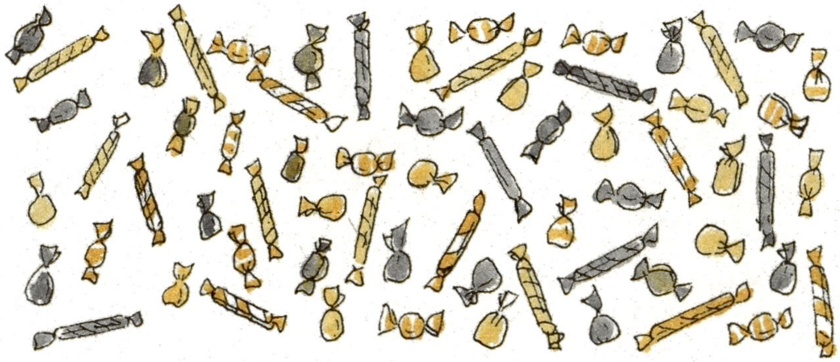

54 Compte le nombre total de fleurs.
... = ... centaine, ... dizaines et ... unités.

55 Recopie et relie les mêmes nombres par une flèche.

74 •	• soixante et un
82 •	• quatre-vingt-deux
61 •	• soixante-quatre
92 •	• soixante-quatorze
64 •	• quatre-vingt-quatorze
59 •	• quatre-vingt-douze
94 •	• cinquante-neuf

56 Trouve le nombre qui convient.

68 < … < 70	76 < … < 78	98 < … < 100
54 < … < 56	89 < … < 91	79 < … < 81

57 Écris ces nombres du plus petit au plus grand.
76 – 49 – 38 – 81 – 54 – 57 – 94 – 82 – 68.

58 Trouve les nombres manquants.
47 – 48 – 49 – … – 52 – 53 – … – 64 – … – 66 – … – 71.

59 Recopie et complète.
74 – 76 – 78 – … – … – … – … 99 – 97 – 95 – … – … – …

60 Écris ces nombres en toutes lettres.
69 – 73 – 86 – 95 – 100 – 52.

61 Recopie les nombres suivants et entoure le chiffre 6 chaque fois qu'il représente les unités.
46 – 62 – 36 – 6 – 96 – 65 – 60 – 86.

62 Écris ces nombres en chiffres.
soixante-trois – quatre-vingt-quatorze – soixante-dix-neuf – cinquante-huit – quatre-vingt-dix-sept.

63 Recopie et complète avec le signe < , > ou = .

52 … 40 + 5	30 + 10 … 20 + 10 + 5 + 5
70 + 5 … 75	40 + 3 … 20 + 20 + 7
40 + 10 + 10 … 60 + 2	60 + 10 + 10 … 50 + 20 + 5

64 Écris tous les nombres de deux chiffres situés entre 23 et 99 et qui ont 8 pour chiffre des unités.

65 Recopie et complète.

11 – 21 – 31 – ... – ... – ... – ... – ... – ...

67 – 70 – 73 – ... – ... – ... – ... – ... – ...

66 Trouve un nombre plus grand que 67, mais plus petit que 82 et ayant 6 pour chiffre des unités.

67 Recopie et complète.

30 + 20 = ...	50 + ... = 100
40 + 10 + 10 = ...	30 + 30 + 30 = ...
60 + ... = 80	60 + 20 + ... = 100
... + 40 + 10 = 70	70 + 20 + 10 = ...

68 Recopie et complète.

85 = 80 + ...	94 = ... + 4
72 = 70 + ...	51 = 50 + ...
59 = ... + 9	... = 60 + 7
48 = 40 + ...	... = 90 + 8
89 = 80 + ...	... = 70 + 5

69 Tous les chemins mènent à 100; reconstitue la suite logique.

50	...	70	...	...	100
75	80	...	...	95	100
90	...	...	96	98	100
...	...	40	...	80	100

70 Écris en toutes lettres.

48 – 37 – 76 –

92 – 83 – 74.

71 Écris ces nombres du plus grand au plus petit.
79 – 68 – 91 – 54 – 100 – 46 – 67 – 89.

72 Recopie et complète avec le signe < , > ou = .

30 + 20 + 10 ... 50
40 + 10 + 10 ... 60
50 + 20 + 20 ... 100

60 + 10 ... 80
50 + 30 ... 40 + 10 + 10 + 10
20 + 60 + 20 ... 10 + 50 + 10

je travaille seul(e)

corrigé p. 187

73 Recopie et complète.
1 centaine = 70 + ... dizaine(s)
40 + ... dizaine(s) = 100
100 = 90 + ... dizaine(s)
50 + ... dizaine(s) = 1 centaine
1 centaine = 20 + ... dizaine(s)

74 Écris le nombre qui précède, puis celui qui suit.

... < 49 < ...
... < 78 < ...
... < 61 < ...

... < 34 < ...
... < 99 < ...
... < 87 < ...

De 100 à 1 000

10 unités	=	1 dizaine
10 dizaines	=	1 centaine
10 centaines	=	1 millier

75 Écris ces nombres en chiffres.
cent douze – quatre cent vingt et un – six cent soixante – deux cent trente-sept – neuf cent quatre-vingt-dix.

76 Recopie et relie les mêmes nombres par une flèche.

304	quatre cent quarante-cinq
698	cinq cent dix-sept
445	sept cent soixante et onze
771	trois cent quatre
517	six cent quatre vingt-dix-huit

77 Écris ces nombres en toutes lettres.
109 – 458 – 675 – 826 – 287 – 500 – 362 – 510 – 991 – 312.

78 Recopie et complète avec le signe < ou > .

203 ... 302	356 ... 354	148 ... 147
489 ... 490	675 ... 765	724 ... 536

79 Recopie et complète avec le signe < ou >.

898 ... 900	391 ... 396	676 ... 766
924 ... 824	740 ... 704	538 ... 583

80 Pour chaque nombre, écris celui qui suit.
399 – 109 – 441 – 927 – 602 – 573 – 869 – 990 – 210 – 679.

81 Pour chaque nombre, écris celui qui précède.
100 – 282 – 350 – 500 – 427 – 515 – 940 – 670 – 738 – 880.

82 Compte de 2 en 2 de 440 à 480.

83 Compte de 10 en 10 de 360 à 460.

84 Compte de 50 en 50 de 200 à 700.

85 Observe les nombres ci-dessous et écris les dix nombres suivants.
418 – 428 – 438 – …

86 Observe les nombres ci-dessous et écris les dix nombres suivants.
345 – 395 – 445 – …

87 Écris ces nombres du plus petit au plus grand.
431 – 525 – 148 – 670 – 344.

88 Écris ces nombres du plus petit au plus grand.
641 – 568 – 444 – 976 – 316 – 730 – 551 – 980 – 464 – 200.

89 Écris tous les nombres de trois chiffres situés entre 600 et 700 qui ont 2 pour chiffre des dizaines.

90 Écris tous les nombres de trois chiffres situés entre 300 et 400 qui ont 4 pour chiffre des unités.

91 Recopie et complète avec un nombre qui convient en conservant le chiffre des centaines.

400 + 15 < …	400 + 48 < …	400 + 36 < …	400 + 12 < …
… > 700 + 30	… > 700 + 61	… > 700 + 49	… > 700 + 16

corrigé p. 187

je travaille seul(e)

92 Écris les nombres suivants en chiffres.
deux cent soixante-quinze – neuf cent quatre-vingt-douze – quatre cent trente-cinq – sept cent vingt-huit.

93 Recopie et complète en suivant l'exemple : 854 = 800 + 50 + 4.
742 = … 555 = … 342 = … 997 = … 283 = …

De 1 000 à 10 000

999	1 000	1 001
1 699	1 700	1 701
3 099	3 100	3 101
6 799	6 800	6 801

94 Écris les nombres suivants en chiffres.

mille dix-neuf
mille
deux mille cinquante
deux mille quatre
deux mille quatre cents
mille trois cent quarante-quatre
deux mille quatre cent vingt
sept mille vingt-sept
six mille quatre-vingt-dix
mille neuf cent quatre-vingt-onze

95 Écris les nombres suivants en chiffres.

huit mille neuf cent quatre-vingt-dix
neuf mille huit cent quatre-vingt-huit
quatre mille neuf cent quatre-vingt-dix-neuf
huit mille sept cent soixante-quinze
cinq mille trois cent quatre-vingts
neuf mille dix
dix mille
sept mille un
six mille neuf
quatre mille cinq

96 Recopie et complète avec le signe < ou > .

1 243 ... 1 432
2 723 ... 3 004
2 999 ... 4 205
7 244 ... 6 999
4 990 ... 5 090
4 347 ... 3 847
8 003 ... 7 799
9 001 ... 10 000
5 555 ... 5 600
7 024 ... 6 824

97 Écris ces nombres en toutes lettres.
4 335 – 5 080 – 8 009 – 3 854 – 2 720 – 7 880 – 5 200 – 9 100 – 6 773.

98 Écris ces nombres dans l'ordre croissant.
2 434 – 1 700 – 6 093 – 8 007 – 6 102 – 4 349 – 4 402.

99 Écris ces nombres dans l'ordre croissant.
8 720 – 7 820 – 8 270 – 8 702 – 5 990 – 6 090 – 7 009 – 5 900 – 7 990.

100 Recopie et complète avec le signe < ou > .
2 000 + 400 ... 3 000 + 200
3 000 + 40 ... 3 000 + 70
6 000 + 70 ... 6 000 + 7
7 000 + 80 ... 7 000 + 8
9 000 + 30 ... 8 000 + 80

101 Recopie et complète avec le signe < ou > .
5 000 + 200 + 80 ... 5 000 + 100 + 90
8 000 + 500 + 90 + 9 ... 8 000 + 600 + 10 + 2
7 000 + 900 + 90 + 9 ... 8 000 + 2
4 000 + 200 + 40 + 3 ... 4 000 + 400 + 20 + 3
9 000 + 700 + 30 + 8 ... 9 000 + 300 + 70 + 8

102 Recopie et complète ce tableau.

nombre précédent	nombre donné	nombre suivant
	2 724	
	2 900	
	5 000	
	3 999	
	8 720	
	9 009	
	9 999	
	3 275	

103 Écris ces nombres dans l'ordre décroissant (du plus grand au plus petit).
1 920 – 1 209 – 9 120 – 4 349 – 9 344 – 4 934.

104 Recopie et complète ce tableau (observe l'exemple).

nombre précédent terminé par un 0	nombre donné	nombre suivant terminé par un 0
3 240	3 246	3 250
...	4 923	...
...	5 319	...
...	7 872	...
...	3 691	...
...	5 032	...
...	4 253	...
...	9 766	...

105 Compte de 10 en 10:
de 7 420 à 7 520; de 3 258 à 3 358.

106 Compte de 100 en 100:
de 6 200 à 7 200; de 8 730 à 9 730.

107 Reproduis la droite ci-dessous sur ton cahier, puis place les nombres suivants.

8 722 – 6 400 – 5 324 – 2 799 – 7 355 – 4 999 – 3 010.

108 Recopie et complète les décompositions.
3 784 = (3 x ...) + (7 x ...) + (... x 10) + (4 x 1)
2 829 = (2 x ...) + (... x 100) + (... x ...) + (... x 1)
5 321 =
7 500 =
9 730 =

109 Observe et continue.
2 134 – 2 154 – 2 174 – ... – 2 294
3 729 – 3 738 – 3 747 – ... – 3 801.

110 Voici deux séries de chiffres: 4 – 3 – 5 – 8 et 7 – 2 – 6 – 9.
Trouve, pour chaque série, le plus grand et le plus petit nombre de quatre chiffres que tu peux former.

111 Observe le tableau, puis réponds aux questions.

communes	nombre d'habitants
Raon-l'étape	7 219
Abilly	1 166
Cruseilles	2 533
Louhans	4 198
Aubin	6 017
Cucq	4 379
Machecoul	5 353

a) Quelles sont les villes de plus de 5 000 habitants ?
b) Quels sont les villes ou villages de moins de 5 000 habitants ?
c) Quelle est la ville la plus peuplée ?
d) Quel est le village le moins peuplé ?

112 Observe le tableau représentant les distances qui séparent Paris de quelques autres capitales, puis réponds aux questions.

capitales	Paris
Varsovie (Pologne)	1 365 km
Ankara (Turquie)	2 588 km
Washington (États-Unis)	6 171 km
Dakar (Sénégal)	4 191 km
Pékin (Chine)	8 214 km

a) Quelle est la capitale la plus éloignée de Paris ?
b) Quelle est la capitale la plus proche de Paris ?
c) Nomme les capitales qui sont à moins de 6 000 km de Paris.

je travaille seul(e)

corrigé p. 187

113 Compte de 1 000 en 1 000 de 1 426 à 8 426.

114 Recopie et complète en suivant l'exemple.
EXEMPLE : 3 245 = 3 000 + 200 + 40 + 5.

1 732 = … 2 256 = … 4 519 = … 3 769 = … 6 827 = …

115 Forme le plus grand nombre possible, puis le plus petit nombre possible avec les chiffres suivants : 2 – 7 – 9 – 4.

La numération romaine

1	2	3	4	5	9	10	50	100	500	1 000
I	II	III	IV	IV	IX	X	L	C	D	M

116 Écris ces nombres en chiffres romains.
15 – 17 – 29 – 49 – 72 – 79 – 108 – 324 – 520 – 1 990.

117 Écris ces nombres en chiffres romains.
27 – 39 – 138 – 252 – 723 – 974 – 1 979 – 1 324 – 1 269 – 1 717.

118 Écris en chiffres romains la suite des nombres de 51 à 61.

119 Écris en chiffres romains la suite des nombres de 249 à 259.

120 Regarde l'exemple et fais la même chose pour chacun des nombres romains suivants.
EXEMPLE : CCLXXIX = 100 + 100 + 50 + 10 + 10 + 9 = 279.

DCLXXXII = …
MCCCXXXVIII = …

DIL = …
MMCXVII = …

121 Effectue les opérations suivantes en chiffres romains.

IX + X = …
III + V = …
XIII + XXIV = …

D + D = …
XXIV + … = L
XIV + … = XX

LXV + XV = …
M + CM = …
IL + XII = …

je travaille seul(e)

corrigé p. 187

122 Écris en chiffres romains la suite des nombres de 23 à 33.

123 Retrouve les dates suivantes.
MDCCCIV MCMXCVIII MDXV MCDXCII.

La numération égyptienne

124 Écris ces nombres en symboles égyptiens.
14 – 68 – 42 – 77 – 85 – 135 – 1 546 – 1 112 – 222 – 523.

125 Écris en chiffres les nombres suivants.

126 Deux riches marchands ont compté leurs talents (monnaie de l'Antiquité). Lequel est le plus riche ?

Amébophis Numérophis

je travaille seul(e)

corrigé p. 187

127 Écris ces nombres en symboles égyptiens.
375 – 1 215 – 2 872.

128 Recopie et complète avec le signe < ou > .

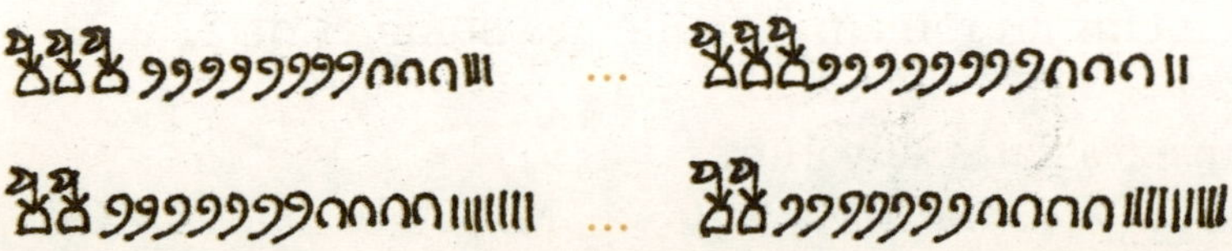

II Comprendre et résoudre

Poser l'opération

129 Maman a acheté 6 boutons bleus et 8 boutons blancs.
Combien de boutons a-t-elle achetés ?

130 Boris avait 10 billes ce matin en arrivant à l'école. À la récréation, il en a perdu 3.
Combien de billes lui reste-t-il ?

131 Dans son bouquet, Valentin a mis 4 tulipes et 5 œillets.
Combien de fleurs y a-t-il dans ce bouquet ?

132 Une locomotive tire 9 wagons ; on en accroche 4 autres.
Combien de wagons la locomotive tire-t-elle maintenant ?

133 Dans une classe, il y a 5 rangées de 5 élèves chacune.
Quel est le nombre d'élèves dans cette classe ?

134 Maman a acheté une douzaine d'œufs. Elle en casse 2.
Combien d'œufs lui reste-t-il ?

135 Lundi, maman a acheté 12 bouteilles d'eau minérale ; dimanche, il en reste 3.
Combien de bouteilles ont été bues ?

136 Jules a acheté un livre à 13 € et un autre à 9 €.
Combien a-t-il dépensé ?

137 Alison pèse 26 kg ; son frère en pèse le double.
Combien pèse son frère ?

138 Quentin possède 34 livres de bibliothèque et 12 albums de bandes dessinées.
Combien de livres possède-t-il en tout ?

139 Le responsable d'un magasin « son et vidéo » reçoit 4 cartons contenant chacun 6 radiocassettes.
Combien de radiocassettes avait-il commandées ?

140 Mon arrosoir contenait 11 L d'eau. J'en ai vidé 8 L au pied des plantes du jardin.
Quelle quantité d'eau mon arrosoir contient-il ?

141 Dans un verger, on a planté 6 rangées de 10 arbres chacune.
Combien d'arbres a-t-on plantés dans ce verger ?

142 Au rayon vidéo d'un supermarché, Chloé a acheté une cassette à 23 € et un DVD à 29 €.
Combien a-t-elle dépensé ?

143 Léo s'achète un CD. Il donne un billet de 20 € et la caissière lui rend 6 €.
Quel est le prix de ce CD ?

144 Justine, Sabrina et Alexis ont payé 15 € à eux trois pour leur entrée à la piscine.
Calcule le prix d'un seul billet d'entrée.

145 Lilian, qui a 12 ans, a 3 ans de plus que Morgane.
Quel est l'âge de Morgane ?

je travaille seul(e)

corrigé p. 187

146 Candice pèse 31 kg. Elle monte sur le pèse-personne en prenant son chien dans les bras. Le pèse-personne indique maintenant 42 kg.
Combien son chien pèse-t-il ?

147 Avec 5 opérations justes, Théo a obtenu 10 points.
Combien de points valait une opération ?

148 Pour sa classe de CE, une institutrice achète 23 romans valant chacun 5 €.
Combien a-t-elle payé ?

Trouver la bonne question

Trouve la question correspondant à chaque énoncé.

149 Anaëlle achète une boîte de 25 sucettes. Elle en mange 6.

150 Amélie a 15 ans; son frère Alexis a 6 ans de moins qu'elle.

151 Au cours de la séance d'éducation physique, les élèves de monsieur Jérôme ont effectué 5 tours de piste; celle-ci mesure 400 m.

152 Les vacances commencent le 21 décembre; nous sommes le 12.

153 Yann voulait s'acheter une raquette de tennis d'une valeur de 49 €, mais il ne dispose que de 37 €.

154 Monsieur Barthélemy note ce qu'il a acheté afin de remettre sa voiture en état. Pneus: 133 €; essuie-glaces: 17 €; huile: 12 €.

155 L'émission qu'Anne-Laure a regardée mercredi après-midi a débuté à 14 h 30 et a duré 2 heures.

156 Alix a besoin de 5 perles bleues, 4 perles blanches et 6 perles noires pour fabriquer un bracelet. Elle fait 4 bracelets identiques*.

157 Sur une bobine de 70 m de fil, un pêcheur en coupe 15 m.

Dans chacun des énoncés suivants, plusieurs questions sont posées, mais une seule correspond au problème. À toi de choisir la bonne question.

158 Chaque jour de la semaine, sauf le samedi et le dimanche, papa fait 56 km en voiture pour aller à son lieu de travail et en revenir.
a) À quelle heure doit-il se lever le matin?
b) Quelle distance papa parcourt-il ainsi chaque semaine?

159 Dans un magasin de sport, Mélanie achète des chaussures valant 68 € et un lot de dix paires de chaussettes valant 25 €. Elle paie avec deux billets de 50 €.
a) Peut-elle encore acheter un autre lot de paires de chaussettes?
b) Combien la vendeuse doit-elle lui rendre?

160 Papa a planté 2 cerisiers, 4 poiriers et 3 pommiers.
a) Quelle masse de fruits récoltera-t-il ?
b) Combien d'arbres fruitiers a-t-il plantés ?

161 Sur le marché, la barquette de 500 g de fraises est affichée 2 € 45 c ; maman achète deux barquettes.
a) Combien maman paiera-t-elle pour 2 kg de pommes ?
b) Quel sera le prix payé pour 1 kg de fraises ?
c) Quelle somme le marchand doit-il lui rendre ?

162 Florent a 10 minutes de trajet pour se rendre jusqu'à son école, où les cours commencent à 8 h 30.
a) Florent sera-t-il à l'heure à l'école ?
b) Virginie arrivera-t-elle avant lui ?
c) À quelle heure doit-il partir de chez lui au plus tard ?

Attention ! pour chacun des énoncés suivants, plusieurs questions peuvent être posées.

163 Dans le wagon de chemin de fer dans lequel il vient de monter, Antoine a remarqué que les places étaient ainsi réparties :
1re classe, 30 personnes ; 2e classe : 90 personnes.
25 personnes sont déjà montées, toutes en 2e classe.
a) Calcule le nombre total de places dans le wagon.
b) En quelle classe Antoine voyage-t-il ?
c) Combien de personnes peuvent encore s'installer en 2e classe ?
d) À quelle heure le train doit-il partir ?

164 Dans un sac plastique sur lequel on peut lire « résistance 10 kg », Maéva a déjà placé 3 boîtes pesant chacune 1 kg.

a) Quelle masse totale Maéva a-t-elle déjà mise dans le sac ?

b) Combien de bouteilles pleines Maéva peut-elle encore ajouter ?

c) Quelle masse Maéva peut-elle encore ajouter dans le sac ?

corrigé p. 187

je travaille seul(e)

Choisis la question correspondant à chaque énoncé et réponds à cette question.

165 Maman achète une plante verte à 12 € et une autre à 17 €.

a) Quel est le prix de la seconde plante verte ?

b) Combien maman a-t-elle dépensé ?

c) Quelle somme lui reste-t-il ?

166 Une branche de peuplier peut grandir de 80 cm en une année.

a) De quelle longueur aura-t-elle grandi au bout de deux ans ?

b) Pourquoi les peupliers ont-ils des branches ?

c) Quelle est la longueur d'une branche de peuplier ?

167 Une pièce de 1 euro a la même valeur que deux pièces de 50 centimes.

a) Combien de centimes me restera-t-il ?

b) Qui a pris les trois pièces ?

c) Quelle est, en euros, la valeur de quatre pièces de 50 centimes ?

Impossible : pourquoi ?

168 Agathe achète un croissant qu'elle paie avec une pièce de 2 €.
Combien la boulangère doit-elle lui rendre ?

169 À la fruiterie, maman achète 3 kg de pommes, 1 kg d'oranges et 6 bananes.
Quelle masse de fruits maman devra-t-elle porter ?

170 Dans l'avion au départ de Paris, en direction de Nice, 84 places ont été réservées.
Combien de places sont encore libres ?

171 Anthony fêtera son anniversaire le 6 mai.
Quel âge aura alors Anthony ?

172 Le menuisier a coupé une planche longue de 4 m en plusieurs morceaux égaux.
Quelle est la longueur de chaque morceau ?

173 Jules et Adrien jouent au ping-pong. Adrien gagne la première manche sur le score de 21 points à 15. Jules est bien décidé à prendre sa revanche.
Quel sera alors le score de la seconde manche ?

174 Mercredi après-midi, Medhi et ses deux sœurs Jessica et Sonia se rendent à la piscine. L'entrée coûte 4 € par enfant.
Combien de temps pourront-ils rester dans l'eau ?

175 Samedi, vers 10 h, monsieur Lebol a joué 3 € 50 c au Loto sportif.
Quelle somme monsieur Lebol a-t-il gagnée ?

176 Dans un ascenseur, un panonceau* indique: « Charge limite: 600 kg ».
9 adultes pourraient-ils entrer dans cet ascenseur?

177 Monsieur Lamarche achète une paire de chaussures de randonnée affichée 83 €. Le vendeur accepte de lui faire une petite réduction et lui offre un produit d'entretien valant 4 € 80 c.
Combien monsieur Lamarche va-t-il finalement payer?

178 Dans une classe de CE, la veille des vacances scolaires, trois élèves apportent des jeux: Kevin, un jeu de « 1 000 bornes », Hugo « 400 énigmes policières » et Manon « 650 questions sur 1789 ».
Quel est le jeu le plus coûteux?
Quelle est la boîte la plus lourde?

corrigé p. 187

je travaille seul(e)

Pourquoi est-il impossible de répondre aux questions posées?

179 Papa et maman ont remplacé les chaises de la cuisine. Chaque nouvelle chaise vaut 45 €.
Combien ont-ils dépensé?

180 Maxence, âgé de 7 ans, et Sandy, âgée de 8 ans, jouent avec un dé. Maxence, en trois lancers, a totalisé 10 points.
Calcule le nombre de points réalisé par Sandy en trois lancers.

Possible ou impossible ?

Indique si chaque énoncé ci-dessous permet de répondre à la question posée.

181 À 7 heures, la température était de 12 °C. À 16 heures, elle était de 19 °C.
Calcule l'élévation de la température entre 7 heures et 13 heures.

182 En jouant dans le grenier de la maison de son grand-père, Jonathan a trouvé un journal datant de 1954 et un autre datant de 1968.
Quel est l'âge du grand-père de Jonathan ?

183 Lucas vient d'écrire les huit premiers chiffres de son numéro de téléphone : 03 23 45 67...
Quels sont les deux derniers chiffres de ce numéro ?

184 Monsieur et madame Cluzet achètent un lecteur DVD affiché 499 €. Le vendeur leur fait une réduction de 29 €.
Combien vont-ils payer ce lecteur DVD ?

185 En entendant l'heure à la radio, Marion constate que sa montre retarde de 3 minutes. Marion avait payé sa montre 24 € 90 c.
Combien cette montre vaut-elle maintenant ?

Peut-on trouver une question correspondant à chacun des énoncés ci-dessous ?

186 Un avion léger emportant 4 passagers peut voler à 230 km/h.

187 La comète* de Halley, qui revient tous les 76 ans, est apparue la dernière fois en 1986.

188 Un immeuble de 6 étages compte 6 logements à chaque étage.

189 L'ingénieur Gustave Eiffel, né en 1832, connut la gloire en 1889 grâce à la tour qui porte son nom.

190 Un train comportant 12 wagons roule à la vitesse de 125 km/h.

191 Le personnage de Mickey a été créé par Walt Disney en 1928.

corrigé p. 187

je travaille seul(e)

Indique si chaque énoncé ci-dessous permet de répondre à la question posée.

192 Mathieu a 10 ans. Son frère Corentin pèse 3 kg de moins.
Quel est l'âge de Corentin ?

193 Marie a fait 48 photos durant ses vacances. Mélanie en a fait le double.
Combien de photos Mélanie a-t-elle prises ?

194 Un TGV qui a quitté Le Mans à 12 h arrivera à Rennes une heure et demie plus tard.
À quelle heure arrivera-t-il à Rennes ?

195 Camille achète un croissant à 75 c. Elle donne deux pièces à la boulangère.
Combien celle-ci va-t-elle lui rendre ?

Supprimer l'information inutile

Attention ! il s'agit toujours d'une information chiffrée.

196 Chaque jour, vers 8 h 30, monsieur Charly achète deux journaux, l'un valant 75 c et l'autre 95 c.
Combien monsieur Charly dépense-t-il chaque jour pour ses journaux ?

197 Maman achète une boîte de compote de pommes de 850 g au prix de 1 € 10 c.
Combien aurait-elle dépensé pour trois boîtes de compote ?

198 Le papa d'Alexis a utilisé 350 g d'un paquet de spaghettis de 500 g, qui demandent 9 minutes de cuisson.
Quelle masse de spaghettis reste-t-il dans le paquet ?

199 Emma, qui a 9 ans, mesure 138 cm. Son jeune frère mesure 11 cm de moins qu'elle.
Quelle est la taille de son frère ?

200 Le nouveau jeu électronique de Tanguy a coûté 34 € 90 c. Il y a quatre niveaux de difficultés. Le jeu de Clémence n'a coûté que 26 € 90 c.
Quelle est la différence de prix entre les deux jeux ?

201 Romane a acheté une tablette de chocolat de 200 g au prix de 1 € 95 c. Elle en a déjà mangé 75 g.
Quelle masse de chocolat reste-t-il ?

202 Pour composer un bouquet, madame Crey utilise 6 roses, 6 œillets et 6 iris. Elle coupe toutes les fleurs à une longueur de 40 cm.
Combien de fleurs composent ce bouquet ?

203 Hier soir, le thermomètre marquait 0 °C ; durant la nuit, il est tombé 20 cm de neige et, ce matin, le thermomètre indique 4 °C au-dessous de 0.
De combien de degrés la température a-t-elle baissé durant la nuit ?

204 Au supermarché, papa a acheté deux cartons de 6 bouteilles d'eau chacun. Une bouteille contient 1,5 L. En rangeant les bouteilles, il en a cassé deux.
De combien de bouteilles papa va-t-il disposer ?

205 Un livre de 128 pages valait 4 € 95 c. Il vient d'augmenter de 45 c.
Quel est maintenant son prix ?

Les problèmes ci-dessous peuvent contenir plusieurs informations inutiles.

206 Monsieur Vassart commande un pantalon, en taille 40, au prix de 34 € 50 c. Il le reçoit 5 jours plus tard, mais doit demander l'échange avec le même article, en taille 42, au prix de 36 €.
Quelle somme doit-il ajouter ?

207 Le 12 juin, 47 voitures prennent le départ d'un rallye. Le 16 juin, après 634 km de course, 34 voitures franchissent la ligne d'arrivée.
Combien de voitures ont dû abandonner avant la fin de l'épreuve ?

je travaille seul(e)

corrigé p. 187

Indique, pour chaque énoncé, quelles sont les informations inutiles.

208 Valentin a 8 ans et pèse 4 kg de plus que Mélodie. Mélodie a 7 ans et mesure 6 cm de moins que Valentin.
Quelle est la différence d'âge entre Mélodie et Valentin ?

209 Pour faire de la pâte à sel, Tanguy achète trois paquets de 500 g de sel au prix de 35 c l'un et un kilogramme de farine au prix de 1 € 20 c.
Quelle masse Tanguy portera-t-il en rentrant chez lui ?

Ordonner l'information

Les phrases qui composent chaque problème ont été mélangées ; récris chaque énoncé dans l'ordre du récit.

210 Son frère a 4 ans de plus que lui et sa sœur 2 ans de moins que lui. Calcule l'âge de son frère et de sa sœur. Michaël a 8 ans.

211 Combien de personnes ce navire embarque-t-il quand il est complet ? Ce navire peut transporter 2 500 passagers. Sur un paquebot*, l'équipage comprend 195 personnes.

212 On a chargé 21 caisses de 35 kg chacune. Le livreur doit encore charger une caisse de 55 kg. Une camionnette peut transporter une charge maximale de 800 kg. Pourra-t-il prendre cette dernière caisse ?

213 Il est de 3 € pour un enfant. Une mamie emmène ses cinq petits-enfants au musée. Calcule la dépense totale pour cette sortie. Le prix d'un billet est de 5 € 50 c pour un adulte.

214 Mais ils ne veulent pas dépenser plus de 400 €. Pourront-ils alors acheter ces deux appareils ? Ils ont choisi une platine-disques à 209 € 90 c et une platine-cassettes à 184 € 90 c. Monsieur et madame Lebonson voudraient changer plusieurs éléments de leur chaîne hi-fi.

215 Combien la vendeuse va-t-elle lui rendre ? Elle achète deux éclairs au chocolat à 1 € 25 c l'un et une tartelette aux pommes à 1 € 40 c. Elle paie avec un billet de 10 €. Madame Dusucre entre dans une boulangerie.

Attention : on a maintenant mélangé des phrases composant deux problèmes différents. Récris correctement chaque énoncé.

216 Il se termine à 22 h 30. La maîtresse achète 4 boîtes de 6 gommes chacune. Calcule la durée du film. La classe de Prune compte 23 élèves. Un film a commencé à 21 h. Pourra-t-elle donner une gomme à chaque élève ?

217 Une source donne 30 L d'eau chaque minute. Une citerne* percée laisse échapper 1 L d'eau chaque minute.
Quelle quantité d'eau fournit-elle en une heure?
Quelle quantité d'eau perd-elle en une heure?

218 Calcule combien elle a perdu. Une institutrice commande pour sa classe 12 livres à 12 € l'un et 3 dictionnaires à 15 € l'un. Elle l'a payé 24 € 90 c et le revend à Sandra pour 18 €. Calcule le montant de sa commande. Élodie a acheté un pantalon trop petit pour elle.

219 À combien lui revient ce changement de matériel? Si l'on veut acheter 3 boîtes, quelle économie réalise-t-on en prenant le lot? Les mêmes disquettes sont vendues par lot de 3 boîtes au prix de 20 €. Monsieur Guitry change son équipement informatique. Il achète ensuite un ordinateur et une imprimante valant ensemble 1 715 €. Des disquettes informatiques sont vendues au prix de 7 € 50 c la boîte. Il revend son ancien matériel au prix de 390 €.

corrigé p. 188

je travaille seul(e)

Les phrases de ce problème ont été mélangées; récris chaque énoncé dans l'ordre du récit.

220 Pour les moins de 18 ans, il est de 3 €. Combien monsieur et madame Cassot vont-ils payer? Le prix d'un billet pour les personnes de plus de 18 ans est de 4 € 50 c. Monsieur et madame Cassot vont au musée avec leurs deux enfants, âgés de 19 et 15 ans.

Les phrases de deux problèmes ont été mélangées. Récris correctement chaque énoncé.

221 Elle doit y passer 8 jours de vacances. À quelle heure doit-elle arriver à Brest? Le samedi 6 juillet au matin, Agathe arrive chez ses grands-parents. Le voyage doit durer 2 h 5 min. Quand ses parents doivent-ils venir la chercher? Axel prend le train à 13 h 15 à Rennes pour se rendre à Brest.

III Utiliser les nombres

L'addition de 0 à 100

	d	u
	① 1	2
+		9
	2	① 1

Je pose bien les unités sous les unités, les dizaines sous les dizaines.

222 Recopie et effectue les additions.

5	6	4	2	7
+ 3	+ 2	+ 4	+ 5	+ 2

223 Recopie et effectue les additions.

8	3	5	2	9
+ 2	+ 7	+ 4	+ 6	+ 1

224 Gaëlle a fait quatre tours d'une piste de roller. Grégory a fait 6 tours de plus.
Combien de tours a fait Grégory ?

225 Aurélie a acheté un gâteau coûtant 60 c à la pâtisserie et un magazine valant 90 c à la librairie.
Combien a-t-elle dépensé en tout ?

226 Recopie et effectue les additions.

9	7	4	6	8
+ 6	+ 5	+ 8	+ 7	+ 3

227 Recopie et effectue les additions.

16	23	40	39	52
+ 8	+ 7	+ 23	+ 16	+ 18

228 Recopie et effectue les additions.

61	36	51	48	67
+ 35	+ 24	+ 29	+ 35	+ 18

229 Pose et effectue les additions.

25 + 14 = …	77 + 22 = …	36 + 20 = …
60 + 38 = …	54 + 15 = …	44 + 35 = …

230 Pose et effectue les additions.

48 + 31 = …	72 + 27 = …	34 + 27 = …
48 + 14 = …	76 + 4 = …	56 + 38 = …

231 Pose et effectue les additions.

43 + 42 = …	64 + 19 = …	63 + 18 = …
56 + 33 = …	77 + 23 = …	88 + 12 = …

232 Romain a 7 billes ; il en gagne 5 à la récréation. Combien de billes a-t-il maintenant ?

233 Deux classes de CE1 partent en voyage scolaire. La première classe compte 19 élèves et la seconde compte 18 élèves. Combien d'élèves participent à ce voyage ?

234 Recopie et effectue sans poser les opérations.

54 + 5 = …	28 + 23 = …	52 + 28 = …
23 + 17 = …	49 + 36 = …	64 + 27 = …

235 Recopie et effectue sans poser les opérations.

10 + 4 + 4 = …	24 + 6 + 5 = …	40 + 9 + 3 = …
32 + 5 + 8 = …	52 + 7 + 7 = …	34 + 6 + 3 = …

236 Recopie et effectue sans poser les opérations.

50 + 8 + 2 = …	44 + 7 + 4 = …	68 + 3 + 6 = …
71 + 5 + 8 = …	27 + 7 + 6 = …	15 + 8 + 9 = …

237 Voici le collier de Margaux.

Voici le collier d'Anaïs.

a) Compte les perles de chaque couleur qui les composent.
b) Calcule le nombre total de perles dans chaque collier.

238 Trois enfants jouent aux fléchettes.
Donne le score de chaque enfant.

- Mickaël
- Mathieu
- Célia

239 Quand Clément est né, son papa avait 27 ans; aujourd'hui, Clément a 13 ans.
Quel âge a son papa ?

240 Recopie et complète les additions.

24	• •	3 •	31	• 6
+ • •	+ 18	+ • 2	+ 3 •	+ 3 •
46	59	77	• 8	99

241 Recopie et complète les additions.

57	4 •	• 8	• 4	6 •
+ • 3	+ • 1	+ 3 •	+ 2 •	+ • 9
8 •	60	83	100	100

242 Avec l'argent qu'il a reçu pour son anniversaire, Benjamin s'est acheté un baladeur CD à 69 €, un CD à 14 € et 2 € de bonbons.
Quelle somme a-t-il reçue ?

243 Recopie et complète cette étiquette.

Légumes :	55 g
Chair de thon :	38 g
Masse totale :	

244 Recopie et mets le signe qui convient : < , > ou =.

34 + 4 + 6 ... 36 + 6 + 4	28 + 10 + 3 ... 28 + 11 + 3
40 + 10 + 5 ... 10 + 40 + 7	20 + 20 + 10 ... 20 + 10 + 10
32 + 30 + 8 ... 32 + 20 + 18	15 + 15 + 15 ... 16 + 15 + 15

245 Monsieur Dumas prépare sa prochaine randonnée à vélo.
Il prévoit de rouler 35 km le matin, puis 25 km l'après-midi.
Quelle sera la distance parcourue lors de cette randonnée ?

246 Pour compléter un album, Jordan achète d'abord 27 images, puis 39 autres.
Calcule le nombre d'images achetées par Jordan.

je travaille seul(e)

corrigé p. 188

247 Pose et effectue les additions.

29 + 43 = …	75 + 23 = …	39 + 39 = …
60 + 38 = …	54 + 44 = …	51 + 47 = …
57 + 11 = …	12 + 65 = …	41 + 51 = …

248 Marie et son père sont partis de la maison et ont déjà parcouru 19 km. Ils ont encore 18 km à parcourir pour se rendre à Vaudoix, puis 23 km pour se rendre à Bonsecours.
Calcule la distance totale qu'ils auront parcourue en fin de journée.

L'addition de 100 à 1 000

	c	d	u
	① 2	① 7	4
+	1	2	7
	4	① 0	① 1

Poser une addition, c'est calculer une somme.

249 Calcule rapidement sans poser les opérations.

180 + 20 = ...	410 + 80 = ...	940 = 400 + ...
170 + 30 = ...	200 = 150 + ...	770 = 350 + ...
500 + 500 = ...	450 = 200 + ...	680 = 300 + ...

250 Recopie et effectue les additions.

58	144	173	379	457
+ 72	+ 98	+ 204	+ 127	+ 343

251 Recopie et effectue les additions.

501	724	226	464	285
+ 366	+ 98	+ 637	+ 219	+ 97

252 Recopie et effectue les additions.

179	97	132	473	378
+ 43	+ 407	+ 321	+ 319	+ 353

253 Recopie et effectue les additions.

804	127	312	124	422
+ 145	+ 86	+ 456	+ 379	+ 103
			+ 146	+ 75

254 Pose, puis effectue les additions.

132 + 87 = ...	137 + 426 = ...	151 + 20 + 32 = ...
233 + 95 = ...	325 + 275 = ...	246 + 40 + 120 = ...

255 Pose, puis effectue les additions.

77 + 432 = ...	333 + 444 = ...	327 + 13 + 46 = ...
48 + 932 = ...	666 + 244 = ...	595 + 78 + 234 = ...

256 Pose, puis effectue les additions.

247 + 347 = …	575 + 175 = …	635 + 265 = …
720 + 200 = …	522 + 433 = …	408 + 367 = …
707 + 125 = …	815 + 141 = …	567 + 283 = …

257 Pose, puis effectue les additions.

337 + 508 + 19 = …	544 + 278 + 45 + 2 = …
227 + 449 + 38 = …	125 + 30 + 225 + 7 = …
442 + 150 + 15 = …	179 + 27 + 145 + 8 = …

258 Recopie et complète les additions.

125	233	522	2••	1•9
+ 2••	+ •••	+ •••	+ 234	+ 317
•69	459	928	•69	•4•

259 Recopie et complète les additions.

1•4	•••	•••	6•7	•3•
+ 82•	+ 349	+ 725	+ •4•	+ 4•2
•50	779	900	927	909

260 Calcule sans poser les opérations.

132 + 18 = …	332 + 40 = …	350 + 250 = …
140 + 17 = …	302 + 48 = …	472 + 128 = …
150 + 75 = …	225 + 75 = …	310 + 390 = …
112 + 88 = …	627 + 23 = …	845 + 155 = …

261 La masse du téléphone portable de Guillaume est de 115 g. Celui de Romane pèse 65 g de plus.
Quel est la masse du portable de Romane ?

262 Papa a acheté un survêtement à 119 € et une paire de chaussures à 104 €.
Combien a-t-il dépensé en tout ?

263 Antoine a 147 billes de plus que Samuel, qui en a 297.
Trouve la question et réponds à cette question.

264 Dans son album, Quentin a 237 timbres français et 179 timbres étrangers. Son oncle lui donne 59 timbres.
De combien de timbres se compose maintenant la collection de Quentin ?

265 Voici les effectifs des cinq classes d'une école.
Calcule le nombre total d'élèves.

CP	CE1	CE2	CM1	CM2
22	23	28	31	32

266 Au départ d'une course en vélo tout terrain, il y a 472 hommes et 228 femmes.
Que peux-tu calculer ?

267 Un camionneur parcourt 278 km le matin et 327 km l'après-midi ; le lendemain, il roule encore pendant 545 km.
Quelle distance totale a-t-il parcourue durant ces deux jours ?

268 Vincent a gagné 135 € au Loto, ainsi que Cyril, son petit frère. Sandra a gagné autant que les deux garçons réunis.
Quelle somme a gagnée Sandra ?
Quel est le total des gains des trois enfants ?

269 Les distances respectives* des quatre premières étapes d'un Tour de France sont les suivantes :
27 km contre la montre ; 173 km ; 225 km ; 247 km.
Trouve la question et réponds à cette question.

270 Monsieur et madame Labrasse vont dans un centre de sports aquatiques avec leur fils Tristan.
Voici les trois billets d'entrée.

Quelle somme totale ont-ils payée ?

je travaille seul(e)

corrigé p. 188

271 Un marchand de journaux a vendu 137 quotidiens* le matin et 193 l'après-midi.
Que peux-tu calculer ?

272 Recopie et complète les additions.

5 •	• 9	2 • 7	2 • •	5 • •
+ • 4	+ 3 •	+ • 88	+ 321	+ • 79
86	121	44 •	• 21	904

L'addition de 1 000 à 10 000

Voici ce que monsieur et madame Closier ont dépensé pour une semaine de vacances :
hôtel : 225 € ; restaurant : 195 € ; essence : 115 € ; loisirs : 275 €.
Calcule leur dépense totale (en €).

225 + 195 + 115 + 275 = 810

273 Recopie et effectue les additions.

503	827	365	97	2 193
+ 682	+ 413	+ 508	+ 180	+ 5 432
		+ 414	+ 375	+ 849

274 Recopie et effectue les additions.

237	2 463	2 835	105	3 704
+ 48	+ 517	+ 412	+ 3 694	+ 4 239
+ 725		+ 3 527	+ 3 901	+ 995

275 Pose et effectue les additions.

431 + 76 = …
1 615 + 319 = …
3 374 + 177 + 2 700 = …
63 + 1 125 + 418 = …

276 Pose et effectue les additions.

8 715 + 185 = …
3 274 + 1 625 + 2 410 = …
315 + 1 734 + 178 = …
7 + 139 + 4 114 = …

277 Pose et effectue les additions.

2 712 + 117 + 45 = …
327 + 1 115 + 8 = …
2 076 + 36 + 468 = …
6 300 + 1 273 + 138 = …
816 + 5 789 + 436 = …
142 + 19 + 5 345 + 2 879 = …

278 Recopie et complète les additions.

2 6 0 7	4 7 1 4	• • 3 •	1 • • •	1 • • 5
+ • • 6 •	+ • 4 • 5	+ 7 3 • 6	+ • 7 3 7	+ 5 6 3 5
4 9 6 8	8 • 6 •	9 0 5 4	9 0 0 7	• 1 7 •

279 Mathilde avait 1 045 € sur son livret de caisse d'épargne. Aujourd'hui, elle verse 125 €.
De quelle somme dispose-t-elle maintenant ?

280 Monsieur et madame Florent achètent un téléviseur valant 999 € et un lecteur DVD coûtant 399 €.
Quelle somme dépensent-ils ?

281 Alexandre regarde le nombre de pages de chacun des trois volumes de son encyclopédie*. Il remarque qu'ils ont respectivement* 1 024 pages, 1 056 pages et 1 104 pages.
Quel est le nombre total de pages de cette encyclopédie ?

282 Pour un séjour de trois semaines aux États-Unis, Marion a payé 2 499 €. Dans une autre agence de voyage, le séjour coûtait 113 € de plus.
Quel était le coût de ce séjour ?

283 Monsieur Constant a noté les différentes dépenses qu'il a faites sur sa voiture au cours des trois derniers mois :
carburant : 236 € ; pneus : 449 € ; révision : 339 €.
Combien a-t-il dépensé pour sa voiture au cours de cette période ?

284 Ce tableau représente le nombre de pulls en stock* dans une usine.
Complète les deux cases vides et indique ce que tu as calculé.

	pulls bleus	pulls verts	pulls violets	
taille S	107	39	58	
taille M	86	5	37	
taille L	74	82	18	

Que pourrais-tu encore calculer ?

285 Dans une commune, on compte les enfants scolarisés*.

maternelle	CP	CE	CM
714	236	425	398

Dans cette commune, combien d'enfants vont à l'école ?

286 Dans un cirque, 188 personnes assistent à la représentation et il reste 59 places vides.
Que peux-tu calculer ?

287 Imagine un problème correspondant à l'opération :
1 605 + 119.

288 Pour équiper leur cuisine, monsieur et madame Thomas ont acheté :
- un réfrigérateur à 499 € ;
- une cuisinière à 439 € ;
- un lave-vaisselle au prix de 765 €.

Pose la question et réponds à cette question.

289 Maman récapitule une partie de ses dépenses du mois.
Aide-la à faire ses comptes en complétant les cases vides de ce tableau.

	1re semaine	2e semaine	3e semaine	4e semaine	
nourriture	229	315	216	505	
vêtements	115	120	55	69	359
loisirs	90	65	96	78	329
transports	115	125	123	145	
	549		490		

Que représente le résultat trouvé dans la case grise ?
Quelle remarque peux-tu faire sur la façon de trouver ce résultat ?

290 Dans une usine automobile, on a produit aujourd'hui 1 245 voitures d'un modèle et 1 363 d'un autre modèle.
Quelle a été la production totale pour cette journée ?

291 Les cinq premiers gagnants d'un concours ont reçu respectivement* la somme suivante :
1er : 1 500 € ; 2e : 1 000 € ; 3e : 750 € ; 4e : 500 € ; 5e : 100 €.
Calcule la somme totale distribuée à ces cinq gagnants.

292 Imagine un problème correspondant à l'opération :
8 995 + 305.

293 Pose les additions qui correspondent aux nombres donnés dans chaque maison, puis indique la valeur de chaque étiquette.

A = …
B = …
C = …
D = …

je travaille seul(e)

corrigé p. 188

294 Quel est le coût total de ce salon ?

fauteuil : 399 € table : 375 € canapé : 1 890 €

295 Calcule la masse totale des diamants ci-dessous en carats (unité de masse).

le mégabeau : 3 725 carats le plubeau : 1 362 carats le trébeau : 745 carats

La soustraction de 0 à 100

	d	u
	5	① 2
–	①	7
	4	5

Je pose bien les unités sous les unités, les dizaines sous les dizaines.

296 Trouve les nombres qui manquent.

3 + … = 5 → 5 – 3 = …
2 + … = 4 → 4 – 2 = …

4 + … = 9 → 9 – 4 = …
3 + … = 7 → 7 – 3 = …

297 Trouve les nombres qui manquent.

5 + … = 9 → 9 – … = …
4 + … = 6 → 6 – … = …

2 + … = 9 → 9 – … = …
3 + … = 8 → 8 – … = …

298 Calcule rapidement.

9 – 4 = …
8 – 2 = …
7 – 3 = …

10 – 4 = …
14 – 7 = …
12 – 8 = …

18 – 15 = …
20 – 13 = …
77 – 17 = …

299 Parmi les couples de nombres suivants, trouve le nombre le plus grand et le nombre le plus petit, puis pose la soustraction avant de l'effectuer.

EXEMPLE : (24 ; 13) 24 > 13 24 – 13 = 11

(37 ; 22) (42 ; 31) (33 ; 45) (50 ; 60) (63 ; 89).

300 Arthur avait neuf images ; son petit frère Kevin lui en déchire trois. Combien d'images lui reste-t-il ?

301 Marine a 8 ans de moins que Martin, qui a 19 ans. Quel est l'âge de Marine ?

302 Florian a 17 billes ; Alice en a 9 de moins que lui. Combien Alice possède-t-elle de billes ?

303 Étienne a 14 €. Combien d'argent lui restera-t-il s'il achète une revue à 6 € ?

304 Recopie et effectue les soustractions.

28	46	59	99	67
– 12	– 24	– 35	– 78	– 14

305 Recopie et effectue les soustractions.

77	32	83	80	39
– 55	– 21	– 42	– 20	– 25

306 Pose, puis effectue les soustractions.

72 – 31 = …	95 – 34 = …	69 – 59 = …
43 – 21 = …	47 – 26 = …	97 – 57 = …
76 – 44 = …	78 – 72 = …	88 – 66 = …

307 Recopie et effectue les soustractions.

74	47	67	60	70
– 59	– 28	– 39	– 27	– 27

308 Pose, puis effectue les soustractions.

98 – 49 = …	61 – 45 = …	80 – 14 = …
31 – 18 = …	35 – 19 = …	90 – 77 = …
42 – 13 = …	77 – 58 = …	53 – 24 = …

309 Recopie et complète les soustractions.

5 9	3 7	4 2	7 8	8 •
– • •	– • •	– • 1	– 4 •	– 1 3
2 4	1 5	1 •	• 2	• 1
6 6	8 3	• •	• •	• 8
– • •	– 4 •	– 3 7	– 4 4	– 3 •
3 3	4 0	3 2	3 5	4 6

310 Recopie et complète les tableaux.

R 8

29	…
32	…
45	…
66	…
89	…

R ?

27	21
82	…
55	…
70	…
41	…

311 Mélanie va à la patinoire avec Grégoire et Zoé. Elle a 20 €. Grégoire a 14 € et Zoé 17 €. L'entrée coûte 9 €.
Quelle est la somme rendue par la caissière à chaque enfant ?

312 Eddie a 72 billes ; il en perd 13, puis 27.
Combien lui en reste-t-il ?

313 98 concurrents ont pris le départ d'un marathon* ; 59 franchissent la ligne d'arrivée.
Trouve la question et réponds à cette question.

314 Floriane a vu en vitrine une jolie montre valant 64 €. La fillette ne possède que 47 €.
Quelle somme devra-t-elle demander à sa maman pour pouvoir l'acheter ?

315 L'autobus qui assure le transport des enfants à l'école contient 52 places assises. 38 de ces places sont déjà occupées.
Combien d'enfants peuvent encore monter ?

316 Un cycliste part en randonnée. Le compteur kilométrique de son vélo affiche 31 km. À l'arrivée, il marque 80 km.
Que peux-tu calculer ?

corrigé p. 188

je travaille seul(e)

317 Alexia a 50 € dans sa tirelire.
Combien lui restera-t-il si elle achète un DVD à 29 € ?

318 Une épidémie de rougeole s'est déclarée dans une école qui compte 98 élèves. On relève le nombre d'absents :
– lundi : 15 absents ;
– mardi : 12 absents de plus que le lundi.
Combien y a-t-il d'élèves présents le mardi ?

La soustraction de 100 à 1 000

	c	d	u
	5	① 7	① 4
–	① 2	① 8	6
	2	**8**	**8**

Poser une soustraction, c'est calculer une différence.

319 Recopie et effectue les soustractions.

389	537	909	296	768
– 168	– 406	– 308	– 134	– 253

320 Recopie et effectue les soustractions.

238	376	435	819	476
– 26	– 154	– 152	– 35	– 382

321 Recopie et effectue les soustractions.

875	294	975	400	207
– 84	– 116	– 886	– 9	– 147

322 Avec chacun des couples, pose et effectue une soustraction.
(123 ; 89) (48 ; 303) (207 ; 321) (122 ; 174) (808 ; 903).

323 Pose, puis effectue les soustractions.

212 – 129 = …	463 – 76 = …	904 – 185 = …
766 – 257 = …	819 – 72 = …	396 – 287 = …

324 À partir des trois nombres ci-dessous, pose et effectue toutes les soustractions possibles.
28 – 139 – 205.

325 Le père de Stéphanie a enregistré un film durant 94 min sur une cassette vidéo de 180 min.
Peut-il encore enregistrer sur cette cassette un film de 75 min ?

326 Sur un cahier de 196 pages, Alexis a déjà utilisé 139 pages.
Que peux-tu calculer ?

327 Voici quatre des derniers achats effectués par monsieur Robin.

a) Réponds par VRAI ou FAUX :
– la radio n'est pas l'achat le plus cher ;
– le dictionnaire coûte 46 € de moins que la veste.

b) De combien la veste est-elle plus chère que la radio ?

c) Le tableau vaut 96 € de moins que la veste et la radio réunies. Quel est donc son prix ?

328 Calcule les distances suivantes :
Dax – Orthez Pau – Tarbes Dax – Tarbes

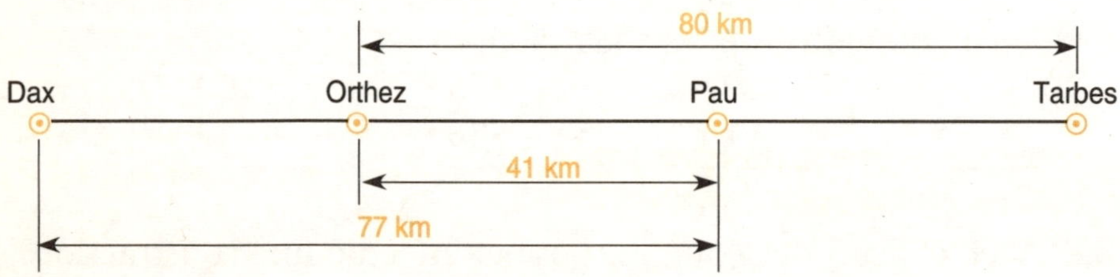

329 Voici des étiquettes d'articles soldés*.

Aide Jeanne à calculer le montant de chaque réduction*.

330 Pour Noël, Émeric avait reçu 150 €. Il a dépensé 123 € pour s'acheter un survêtement. Quelle somme lui reste-t-il ?

331 La bibliothèque de l'école se compose de 875 livres.
Actuellement, 338 livres sont prêtés aux élèves.
Combien de livres sont encore disponibles ?

332 Dans une course à pied, 294 coureurs ont été classés. Nicolas est arrivé 57ᵉ.
Combien de coureurs sont arrivés avant lui ?
Combien sont arrivés après lui ?

333 Le vélo d'Aurélien a coûté 449 € ; celui de Maddy 395 €.
Quel est le vélo le plus cher ? De combien ?

334 Monsieur Député s'est rendu en voiture de Strasbourg à Bruxelles en passant par Paris. Le compteur de sa voiture lui indique qu'il a parcouru 750 km.

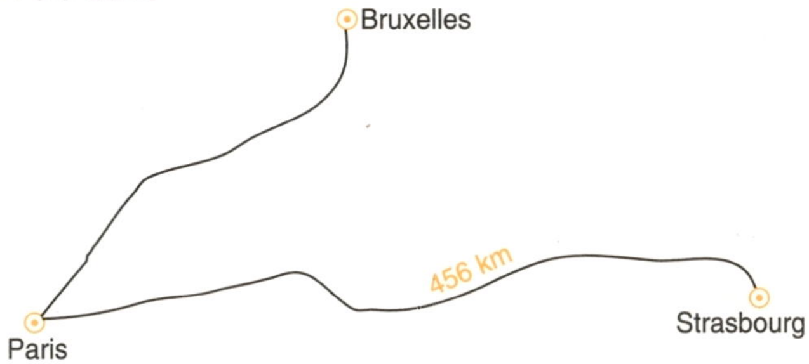

Quelle est la distance séparant Paris de Bruxelles ?

je travaille seul(e)

corrigé p. 188

335

Appareil photo sans zoom

Appareil photo avec zoom

Victor possède 150 €.
Combien lui restera-t-il s'il achète l'appareil photo sans zoom ?
Combien lui manque-t-il pour acheter l'appareil photo avec zoom ?

336 Pour la fête des Pères, Justine veut acheter un téléphone portable d'une valeur de 229 €. Elle ne dispose que de 148 € et demande le reste à sa maman.
Trouve la question et cherche la réponse.

La soustraction de 1 000 à 10 000

Monsieur Vincent part en vacances. Le compteur kilométrique de son véhicule indique 7 370 km.
Quand il arrive à destination, le compteur marque 8 135 km.
Quelle distance monsieur Vincent a-t-il parcourue (en km)

8 135 – 7 370 = 765

337 Recopie et effectue les soustractions.

2 348	4 526	7 119	6 418	9 758
– 1 225	– 1 213	– 2 015	– 4 303	– 5 040

338 Recopie et effectue les soustractions.

3 519	6 037	7 844	1 503	9 054
– 1 345	– 4 119	– 1 356	– 849	– 3 668

339 Pose et effectue les soustractions.

2 514 – 1 303 = ...	6 526 – 5 207 = ...	3 045 – 2 036 = ...
8 927 – 6 435 = ...	9 417 – 3 624 = ...	3 125 – 3 019 = ...

340 Compare les nombres suivants en utilisant les signes < ou > et pose ensuite l'opération pour calculer leur différence.

4 532 ... 3 275	8 250 ... 7 936	1 947 ... 2 526
5 260 ... 5 160	6 039 ... 6 339	7 021 ... 7 041

341 Ces deux véhicules valent ensemble 9 289 €.
Quel est le prix du scooter ?

342 Observe le dessin.
Quel est le montant de la remise* ?

343 Papa veut acheter un téléviseur 16/9e grand écran ; il hésite entre le 70 cm, valant 1 249 €, et le 82 cm, valant 1 499 €. Il se décide enfin pour le 70 cm.
Quelle est son économie* ?

344 Un stade peut contenir 10 000 personnes. Pour un match de football, 7 391 billets d'entrée ont été vendus.
Combien reste-t-il de billets à vendre ?

345 Le cirque qui s'est installé dans notre commune peut contenir 1 850 personnes. 1 190 billets ont été vendus et 250 billets ont été offerts aux personnes âgées.
Combien y aura-t-il de places libres ?

346 Recopie et complète les opérations.

1 527	4 885	3 519	7 026	9 381
– •••	– • •••	– • •8•	– 3 ••2	– • •••
1 421	1 271	2 0•4	• 34•	5 954

347 Un chauffeur de camion livre des pommes de terre. Il s'arrête une première fois pour en livrer 2 890 kg et une seconde fois pour en déposer 4 495 kg.
Sachant qu'il transportait au départ 9 300 kg de pommes de terre, combien lui en reste-t-il ?

348 Monsieur Valentin pratique la course à pied. Voici ce qu'il a parcouru à l'entraînement durant les trois dernières années.
1999 : 1 530 km ; 2000 : 2 225 km ; 2001 : 3 078 km.
Calcule l'augmentation des distances parcourues entre :
1999 et 2000 ;
2000 et 2001 ;
1999 et 2001.

349 Monsieur et madame Cousin veulent acheter un téléviseur grand écran à 1 520 € et un lecteur DVD à 549 €, mais ils ne veulent pas dépasser la somme de 2 000 €.
Peuvent-ils faire l'acquisition* de ces deux objets ?
Trouve la somme qui leur manque ou qui leur reste.

350 Cherche dans ton dictionnaire l'altitude du mont Everest (Asie) et celle du mont Blanc (Europe).
Calcule leur différence.

351 Vasco de Gama, grand navigateur portugais, est né en 1469 et est mort en 1524. Combien de temps a-t-il vécu ?
En 1497, il a découvert la route des Indes. Quel âge avait-il ?

je travaille seul(e)

corrigé p. 188

352 En 1999, Monsieur Valoin a parcouru 8 727 km en voiture ; en 2000, il a parcouru 7 898 km.
Que peux-tu calculer ?

353 Un pompiste fait remplir sa cuve de 10 000 L d'essence le lundi.
Le mercredi, il contrôle la jauge, qui indique 4 646 L.
Quelle quantité d'essence a-t-il vendue ?

Addition et soustraction

Léa possédait 50 €. Elle a acheté un jeu valant 24 € et un livre coûtant 15 €. Combien lui reste-t-il (en €) ?

50 – (24 + 15) = 50 – 39 = 11

354 Recopie et complète avec le signe qui convient.

21 ... 7 = 14	41 ... 11 = 30
34 ... 9 = 43	214 ... 8 = 222
82 ... 18 = 100	153 ... 7 = 160
203 ... 42 = 161	642 ... 35 = 677
550 ... 75 = 475	259 ... 9 = 250

355 Recopie et effectue les opérations.

186 + 45	51 – 16	186 – 68	128 + 75 + 49	608 – 99

356 Pose, puis effectue les opérations.

186 + 34 + 3 + 79 = ...	718 – 36 = ...
818 + 17 + 9 = ...	265 – 89 = ...
239 + 174 + 49 = ...	714 – 143 = ...

357 Pose, puis effectue les opérations (calcule d'abord le nombre entre parenthèses).

(138 + 27) – 63 = ...	(286 + 603) – 592 = ...
(345 – 16) + 126 = ...	(239 – 73) + 147 = ...
(35 + 18 + 49 + 7) – 74 = ...	(666 – 69) + 606 = ...

358 Chloé s'est acheté un jeu vidéo à 49 €, un t-shirt valant 15 € et un livre valant 18 €.
Combien a-t-elle dépensé ?

359 Maman a donné à Tom un billet de 50 € afin qu'il aille s'acheter une trottinette. Celle qu'il choisit coûte 39 €.
Quelle somme Tom doit-il rapporter ?

360 Les 23 élèves de la classe de Margaux sont montés dans un car. Il reste encore 36 places libres. Combien le car contient-il de places ?

361 Ce matin, Romain est parti à l'école avec 74 billes. Le soir, il rentre avec 58 billes. En a-t-il gagné ou perdu ? Combien ?

362 Observe ces étiquettes.

Alison achète le jeu électronique et la cassette.
Combien paie-t-elle ?
Combien a-t-elle économisé sur le jeu électronique ?

363 Recopie et effectue les opérations.

1 359	1 277	4 729	1 444	2 174
– 1 142	– 792	– 2 792	+ 3 779	– 1 189
			+ 195	

364 Pose, puis effectue les opérations.

1 239 + 1 492 + 179 = …
1 942 + 9 + 4 342 + 729 = …
2 729 + 8 + 19 + 3 702 = …

5 543 – 3 999 = …
4 720 – 3 002 = …
9 228 – 6 888 = …

365 Pose, puis effectue les opérations (calcule d'abord les nombres entre parenthèses).

(1 742 – 972) + 4 723 = …
(1 329 + 42 + 72) – 97 = …
(7 029 – 5 343) – 193 = …

(2 450 + 39 + 179) – 1 066 = …
(770 + 3 934) – (5 312 – 291) = …
(9 827 – 251) – (1 111 + 229) = …

366 Recopie et complète avec le signe qui convient : + ou – .

973 … 12 = 985
497 … 490 = 7
2 750 … 150 = 2 900

3 727 … 2 742 = 6 469
3 427 … 53 = 3 374
7 302 … 1 450 = 5 852

367 À un péage d'autoroute, 4 727 véhicules sont passés durant la matinée et 5 142 pendant l'après-midi.
Combien de véhicules sont passés dans la journée ?
Sur ce nombre, 1 359 véhicules étaient des poids lourds et 48 des motocyclettes. Combien y avait-il de voitures de tourisme ?

368 Un ordinateur et son imprimante coûtent 1 490 €. L'imprimante vaut à elle seule 275 €.
Quel est le prix de l'ordinateur ?

369 Pour son anniversaire, Antoine voudrait acheter des rollers d'une valeur de 145 €. Son oncle lui donne 75 € et sa grand-mère 40 €. Antoine possédait déjà 20 € dans sa tirelire.
Combien lui manque-t-il encore pour pouvoir acheter ce jeu ?

370 Un alpiniste descend une paroi rocheuse. Il se sert d'une corde de 50 m de longueur. Il en a déjà utilisé 37 m.
Que peux-tu calculer ?

371 Alexandre aura 11 ans en 2002.
Quel âge aura-t-il en 2016 ? En 2037 ?

372 Pour une rencontre de football, on a vendu 1 743 billets le mardi, 2 948 le jeudi et 3 529 le samedi.
Le stade disposant de 10 000 places, combien y aura-t-il de places inoccupées lors de la rencontre ?

373 Observe le dessin et dis quelle est la plus grande des deux filles.

374 Pour sa fête, Maéva a acheté ce qu'il faut pour préparer un goûter à ses amies:
- 4 bouteilles de Coca-Cola à 1 € 25 c l'une;
- 3 tablettes de chocolat à 1 € 30 c l'une;
- 2 paquets de bonbons à 2 € l'un et 2 grandes tartes aux fraises.

Elle a payé le tout 35 €.
Quel est le prix des tartes aux fraises?

375 Monsieur Antoine veut fabriquer une étagère de 120 cm. Dans son garage, il prend une planche de 3 m et coupe le morceau dont il a besoin.
Calcule (en cm) la longueur de planche qui lui reste.

376 Lors d'une rencontre d'athlétisme, le vainqueur a sauté 5 m et 85 cm au saut à la perche. Le second a sauté 15 cm de moins.
À quelle hauteur ce dernier a-t-il sauté?

377 Avant de partir en vacances, maman achète trois pellicules photos : l'une de 36 poses, une autre de 24 poses et une dernière de 12 poses.
Combien de photos maman pourra-t-elle prendre?

378 Un autobus transporte 48 passagers. À l'arrêt devant le collège, 34 personnes descendent et 7 montent.
Combien de passagers l'autobus emporte-t-il en repartant?

379 Mélissa a 9 ans. Son cousin Samir a 14 ans.
Quelle est la différence d'âge entre les deux enfants?

380 Alexandre avait 36 images en arrivant à l'école, le matin. À la récréation de 10 h, il en gagne 17. À la récréation de l'après-midi, il en perd 9.
Combien d'images a-t-il à la fin de la première récréation?
Combien d'images a-t-il à la fin de la seconde récréation?

381 Voici la longueur des quatre grands fleuves français:
la Seine: 776 km; le Rhône: 812 km; la Loire: 1 012 km; la Garonne: 647 km.
Classe-les du plus long au plus court.
Calcule la différence de longueur entre la Loire et la Garonne.

382 Chez un épicier, maman achète deux plateaux de pêches. Le premier contient 24 pêches et le second 8 de plus que le premier.
Combien de pêches y a-t-il dans le second plateau ?
Combien de pêches maman a-t-elle achetées en tout ?

383 Sur une première étagère, Arnaud compte 43 livres. Il en dénombre 13 de moins sur l'étagère d'à côté.
Combien y a-t-il de livres sur la seconde étagère ?
Combien y a-t-il de livres en tout ?

384 Pauline a 7 ans de plus que Marine, qui a 14 ans.
Quel est l'âge de Pauline ?

385 Maman a donné à Sandra 35 € pour qu'elle aille s'acheter une jupe à 15 € et un bustier à 12 €.
Combien Sandra va-t-elle payer ?
Combien Sandra rendra-t-elle à sa maman ?

386 Lors de la rentrée scolaire, un instituteur n'avait que 25 livres de géographie pour ses 32 élèves.
Combien lui manquait-il de livres ?

387 Un pilote automobile participe à une course de 352 km.
Malchanceux, il tombe en panne à 208 km du départ.
Quelle est, en kilomètres, la distance qui lui restait à parcourir ?

388 Une palette de porc pèse 2 050 g avec son os. Désossé, le morceau de viande ne pèse plus que 1 800 g.
Quelle est, en grammes, la masse de l'os ?

389 Le directeur d'une école reçoit 5 420 € de la mairie afin d'acheter des fournitures. Il commande pour 3 816 € de livres et pour 550 € de matériel destiné au travail manuel.
Quel est le montant total de ses commandes ?
Quelle somme lui reste-t-il ?

390 Monsieur et madame Lebois achètent une table de cuisine à 300 € et un buffet à 1 068 €. Le vendeur leur fait une réduction* de 85 €.
Combien monsieur et madame Lebois vont-ils payer ?

391 Papa paie 799 € un canot pneumatique et 927 € un moteur.
Quel est le montant de ses achats ?
Le vendeur lui accorde une réduction de 75 €.
Combien papa paiera-t-il en réalité ?

392 Observe ce dessin.
Quelle est la masse des poires ?

je travaille seul(e)

corrigé p. 188

393 Un coureur à pied parcourt 10 km le lundi, 10 km le mardi, 15 km le jeudi et une plus longue distance le samedi. Dans la semaine, il a couru 60 km.
Quelle distance a-t-il courue le samedi ?

394 Aurélien et Jordan sont partis se promener en voiture.

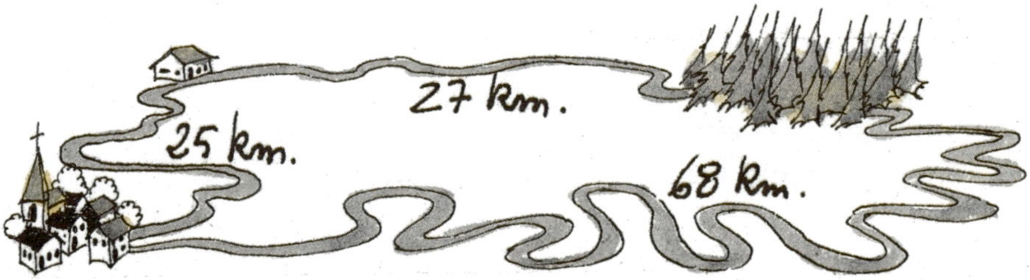

Calcule la distance parcourue lors de leur excursion.
Le compteur de la voiture indique 8 753 km à leur retour.
Qu'indiquait-il avant de partir ?

La multiplication par un nombre à un chiffre

3 + 3 + 3 + 3 = 3 x 4 = 12
3 x 4 = 4 x 3 = 12

395 Écris les sommes sous la forme d'un produit.
EXEMPLE : 4 + 4 + 4 = 4 x 3

4 + 4 = 4 x ...
8 + 8 + 8 + 8 = 8 x ...
7 = 7 x ...

4 + 4 + 4 + 4 + 4 = ... x ...
6 + 6 + 6 + 6 = ... x ...
0 + 0 + 0 = ... x ...

396 Écris les sommes correspondant aux produits suivants.
EXEMPLE : 6 x 3 = 6 + 6 + 6

2 x 5 = ...
4 x 5 = ...

5 x 2 = ...
5 x 4 = ...

0 x 3 = ...
4 x 4 = ...

3 x 2 = ...
1 x 3 = ...

2 x 3 = ...
3 x 1 = ...

397 Recopie et relie par une flèche les nombres identiques.

2 + 2	3 x 4
3 + 3 + 3 + 3	5 x 3
5 + 5 + 5	2 x 2
8 + 8 + 8 + 8	6 x 5
6 + 6 + 6 + 6 + 6	8 x 4

398 Recopie et complète avec le signe < , > ou = .

5 x 6 ... 5 x 8
4 x 2 ... 4 x 4
10 x 1 ... 10 x 0
4 x 7 ... 4 x 5
7 x 6 ... 6 x 7

4 + 4 + 4 ... 4 x 2
6 + 6 ... 6 x 1
2 + 2 + 2 ... 2 x 4
5 + 5 + 5 ... 5 x 3
8 + 8 + 8 + 8 ... 8 x 2

399 Écris les produits dans l'ordre croissant.
5 x 8 4 x 8 7 x 8 8 x 8 6 x 8 3 x 8

400 Calcule les produits.
EXEMPLE : 12 x 4 = 12 + 12 + 12 + 12 = 48

9 x 3 = ... 7 x 4 = ... 6 x 6 = ... 15 x 3 = ... 19 x 4 = ...

401 Utilise la méthode de l'exercice précédent et complète les tableaux avec les résultats trouvés.

×	2	7	6	5	3
8					
4					

×	3	7	6	4	2
2					
5					

402 Un carton de kiwis a pour masse 6 kg.
Calcule la masse de 4 cartons de kiwis.

403 Thibault a 5 images. Océane en a le double.
Que peux-tu calculer ?

404 À la librairie, Fiona achète 6 paquets d'images à 3 € l'un.
Combien paiera-t-elle en tout ?

405 Un fleuriste reçoit 5 caissettes de 12 plants* de rosiers.
Combien a-t-il de plants en tout ?

406 Pour la classe, la maîtresse a acheté 14 ardoises valant chacune 4 €.
Combien a-t-elle payé ?

407 Corentin a acheté 4 lots de cassettes vidéo vierges à 15 € l'un.
Combien a-t-il payé ?

408 Dans un seau, un fleuriste a disposé 10 bouquets de tulipes.
Chaque bouquet est composé de 9 fleurs.
Combien de tulipes le seau contient-il ?

409 Au début de l'année scolaire, un instituteur distribue 4 cahiers à chacun des 26 élèves de sa classe.
Combien de cahiers a-t-il distribués ?

410 Recopie et effectue les multiplications.

$$\begin{array}{r} 13 \\ \times\ 3 \\ \hline \end{array} \quad \begin{array}{r} 11 \\ \times\ 2 \\ \hline \end{array} \quad \begin{array}{r} 27 \\ \times\ 4 \\ \hline \end{array} \quad \begin{array}{r} 39 \\ \times\ 5 \\ \hline \end{array} \quad \begin{array}{r} 62 \\ \times\ 4 \\ \hline \end{array}$$

411 Recopie et effectue les multiplications.

53	72	89	75	80
x 4	x 2	x 3	x 5	x 3

412 Recopie et effectue les multiplications.

29	37	72	43	50
x 6	x 7	x 8	x 6	x 9

413 Recopie et effectue les multiplications.

133	242	768	149	230
x 3	x 5	x 6	x 9	x 8

414 Pose, puis effectue les multiplications.

20 x 3 = …	42 x 7 = …	62 x 8 = …	190 x 2 = …
78 x 6 = …	15 x 9 = …	55 x 6 = …	200 x 5 = …

415 Pose, puis effectue les multiplications.

133 x 2 = …	461 x 3 = …	402 x 5 = …	607 x 3 = …
237 x 8 = …	223 x 1 = …	509 x 4 = …	394 x 7 = …

416 Recopie et complète le tableau suivant.

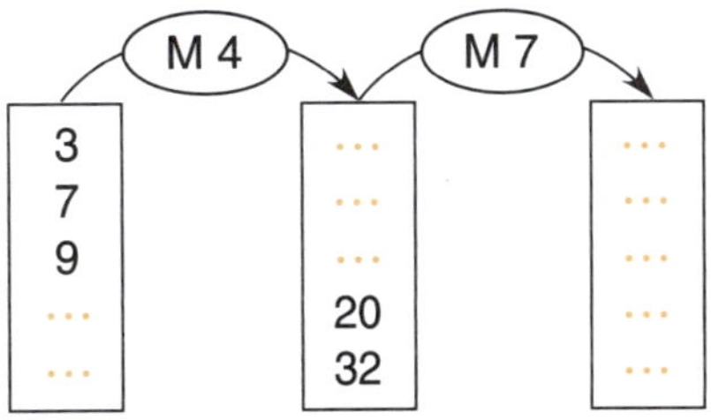

417 Recopie et complète les multiplications.

2 • •	• •	• 1	5 • 7	• • 3
x 7	x 2	x 4	x 3	x 8
1 470	86	20 •	• • 5 •	98 •

418 Au supermarché, un restaurateur achète 18 paquets de café à 2 € l'un. Combien paiera-t-il ?

419 Un paquet contient 15 sucettes. Combien de sucettes y a-t-il dans 8 paquets ?

420 Papa achète 5 CD à 18 € l'un.
Pose la question et trouve la réponse.

421 Une famille utilise 412 L d'eau par jour.
Calcule sa consommation pendant une semaine.

422 La distance de Paris à Bordeaux est de 561 km. Un représentant fait deux fois l'aller-retour dans la semaine.
Calcule la distance ainsi effectuée.

423 Pour faire un collier, Clara utilise 5 perles vertes, 8 perles rouges et 3 perles noires.
Combien de perles de chaque sorte utilisera-t-elle pour faire 6 colliers ?
Combien de perles utilisera-t-elle en tout ?

424 Une école a reçu 3 cartons de 5 paquets de 25 cahiers.
De combien de cahiers dispose cette école ?

425 Un train est composé de 7 wagons de 68 places chacun.
Pose la question et trouve la réponse.

426 Une secrétaire travaille 7 h 30 min par jour, du lundi au jeudi, et 5 heures le vendredi.
Calcule le nombre d'heures de travail de cette personne pour une semaine, pour 4 semaines.

je travaille seul(e)

corrigé p. 188

427 Au supermarché, madame Lebret achète trois packs de six bouteilles d'eau minérale.
Pose la question et trouve la réponse.

428 À la veille de l'Épiphanie, un pâtissier commande neuf douzaines d'œufs pour préparer ses galettes des rois.
Quelle quantité d'œufs a-t-il achetée ?

La multiplication par 10, 100, 1 000

10 + 10 + 10 + 10 = 40
4 x 10 = 40
7 x 100 = 700
6 x 1 000 = 6 000

429 Recopie et effectue les multiplications.

5 x 10 = …	7 x 10 = …	2 x 10 = …	6 x 10 = …
10 x 10 = …	32 x 10 = …	77 x 10 = …	53 x 10 = …

430 Recopie et effectue les multiplications.

372 x 10 = …	433 x 10 = …	239 x 10 = …	742 x 10 = …
805 x 10 = …	14 x 100 = …	9 x 100 = …	39 x 100 = …

431 Recopie et effectue les multiplications.

… x 100 = 7 000	… x 1 000 = 7 000	… x 1 000 = 1 000
… x 100 = 8 200	… x 1 000 = 9 000	… x 100 = 9 200

432 Calcule rapidement.

(3 x 1 000) + (5 x 100) + (4 x 10) + 4 = …
(4 x 1 000) + (3 x 100) + (7 x 10) + 1 = …
(7 x 1 000) + (9 x 100) + (1 x 10) + 8 = …
(5 x 1 000) + (2 x 100) + (9 x 10) = …
(22 x 100) + (3 x 10) + 9 = …

433 Recopie et complète les tableaux.

m 10

7	14	34	…	…	27	727	…	555
…	…	…	50	500	…	…	1 000	…

m ?

42	71	62	68	…	…	…	…	14
4 200	…	…	…	4 700	7 300	8 900	700	…

434 Recopie et complète les opérations.
978 = (… x 100) + (… x 10) + …
311 = (… x 100) + (… x 10) + …
475 = (… x 100) + (… x 10) + …
792 = (… x 100) + (… x 10) + …

435 Un train est composé de 10 wagons de 75 places chacun. Calcule le nombre de voyageurs que peut transporter ce train.

436 Au supermarché, une employée fait sa caisse avant la fermeture : 10 billets de 20 €, 44 billets de 10 €, 10 billets de 5 €, 21 pièces de 10 c, 10 pièces de 5 c, 10 pièces de 2 c.
Quelle somme a-t-elle en caisse ?

437 Un œuf pèse en moyenne 65 g. Combien pèsent 10 œufs ?

438 Une agence propose un voyage de 10 jours pour 69 € par jour et par personne.
À combien reviendra ce voyage pour 100 personnes ?

je travaille seul(e)

corrigé pp. 188-189

439 Pierre range sa collection de bandes dessinées vendues dans le commerce 10 € pièce. Il en compte 28.
Quelle est la valeur de sa collection ?

440 Leila et Karim ont acheté 10 billets de tombola. Chaque billet était vendu 3 €.
Pose la question et trouve la réponse.

La multiplication par 20, 30, 40

3 x 20 = 60
42 x 30 = 1 260
13 x 40 = 520

441 Recopie et calcule suivant l'exemple.
EXEMPLE : 7 x 30 = (7 x 3) x 10 = 21 x 10 = 210

5 x 40 = … 6 x 50 = … 12 x 20 = … 33 x 30 = … 21 x 60 = …

442 Recopie et effectue les multiplications.

9 x 70	8 x 80	14 x 30	131 x 40	70 x 90
125 x 20	42 x 50	112 x 60	110 x 70	60 x 90

443 Recopie et effectue les multiplications sans les poser.
5 x 70 = … 25 x 30 = … 37 x 50 = … 80 x 20 = …

444 Recopie et complète le tableau.

m 9									
	6	60	600	2	20	200	5	50	500
	…	…	…	…	…	…	…	…	…

445 Recopie et complète les multiplications.

4 x … = 80
7 x … = 280
20 x … = 100

13 x … = 390
14 x … = 280
5 x … = 150

31 x … = 1 860
29 x … = 580
40 x … = 200

446 Une bouteille de champagne coûte 18 €.
Quel est le prix de 50 bouteilles ?

447 Un circuit automobile mesure 7 km de long.
Quelles distances couvriront les voitures si elles font 20 tours de circuit ? 30 tours ? 40 tours ?

448 Un paquebot* file à la vitesse de 50 km/h.
Quelle distance aura-t-il couvert en 40 heures ? en 70 heures ?

449 Un directeur d'école reçoit 30 pochettes de papier à dessin de 150 feuilles chacune et 20 paquets de 25 cahiers.
Calcule le nombre total de feuilles de papier à dessin.
Calcule le nombre de cahiers.

450 Dans un camping privé, le prix pour garer son camping-car à la journée est de 12 €.
Calcule la somme que paiera un automobiliste pour y garer son véhicule pendant 20 jours.
Calcule la recette* du parc pour une journée s'il y a 30, 50, 200 ou 500 voitures.

corrigé p. 189

je travaille seul(e)

451 Dans un immeuble, on dénombre 17 marches entre deux étages. Combien de marches doit-on gravir pour se rendre au 20e étage quand l'ascenseur est en panne ?

452 Douze personnes ont joué ensemble au Loto. Elles se répartissent la somme gagnée et chacune reçoit 30 €.
Quelle est cette somme ?

La multiplication par un nombre à deux chiffres

```
  34
x 23
 102 → 34 x 3  = 102
 680 → 34 x 20 = 680
 782             782
```

453 Calcule les produits suivants à l'aide d'un tableau, selon l'exemple.

EXEMPLE : 35 x 42 = …

35

	x	30	5	
42	40	1 200	200	→ 1 200 + 200 = 1 400
	2	60	10	→ 60 + 10 = 70
				1 470

45 x 25 = … 14 x 19 = … 23 x 38 = … 82 x 27 = …

454 Calcule les produits selon l'exemple.

EXEMPLE : 35 x 42 = (35 x 40) + (35 x 2) =
1 400 + 70 = 1 470

27 x 12 = … 28 x 62 = … 52 x 36 = … 132 x 18 = …

455 Calcule les produits selon l'exemple ci-dessus.

45 x 15 = … 124 x 23 = … 79 x 46 = … 64 x 25 = …

456 Recopie et effectue les multiplications.

24 x 32	73 x 21	56 x 39	45 x 35	57 x 17

457 Recopie et effectue les multiplications.

81 x 67	89 x 19	76 x 78	33 x 14	27 x 62

458 Cherche le produit de chacun des couples de nombres suivants (dispose-les de la meilleure façon).

EXEMPLE : (19 ; 148)

```
 148
x 19
----
```

(35 ; 132) (28 ; 157) (45 ; 122) (56 ; 104) (164 ; 51)

459 Pose, puis effectue les opérations.

138 x 53 = …	29 x 272 = …	24 x 325 = …	125 x 75 = …
72 x 109 = …	146 x 59 = …	123 x 64 = …	34 x 119 = …

460 Monsieur Bonvivant a commandé pour lui-même et ses voisins 16 cartons de vin contenant chacun 12 bouteilles.
Combien de bouteilles recevra-t-il ?

461 Les parents d'Antonin lui donnent chaque semaine 15 € d'argent de poche.
Quelle somme reçoit-il en une année ? (1 an = 52 semaines.)

462 Une équipe de relayeurs* est partie en courant de Bruxelles (Belgique) pour rejoindre Rome (Italie). Chacun des 36 coureurs a ainsi accompli 45 km.
Quelle a été la distance totale parcourue entre Bruxelles et Rome ?

463 Dans un magasin de vêtements, un rayon contient 18 gilets vendus chacun 35 €.
S'ils sont tous vendus, combien rapportera leur vente ?

464 Le rayon photographique d'un magasin reçoit une commande de 28 appareils photo identiques, valant 14 € l'un.
Quel sera le montant total de la facture ?

465 Sur une tour de 38 étages, Victor a dénombré 96 fenêtres à chaque étage.
Que peux-tu calculer ?

466 Pour la kermesse de l'école, on a vendu 185 carnets de tombola.
Chaque carnet contient 10 billets vendus chacun 2 €.
Combien de billets ont été vendus ?
Quelle somme cette vente a-t-elle rapportée ?

467 Une salle de cinéma compte 36 rangées de 24 fauteuils chacune. Combien de personnes peuvent prendre place dans cette salle ?

468 Ce matin, au guichet de la poste, 18 personnes sont venues chercher de l'argent. En moyenne, chacune a retiré 110 €.
À la fin de la matinée, quelle somme le postier a-t-il distribuée ?

469 Durant le mois de janvier, le boulanger du village a vendu 45 tartes à 12 € et 63 tartes à 15 €.
Quelle somme la vente des tartes lui a-t-elle rapportée ?

470 Charlotte et ses parents ont passé 12 jours dans un club de vacances. Le prix pour une journée est de 42 € par personne.
Que peux-tu calculer ?

471 Le directeur d'un magasin de sport vient de recevoir sa commande. Il vérifie la facture, mais certains nombres sont effacés.
Aide-le à les retrouver.

quantité	modèle	prix unitaire	total
14	chaussures tennis « Victory »	24 €	…
…	raquette « Pro sport »	70 €	700 €
48	tube de balles de tennis « Boum-boum »	13 €	…

je travaille seul(e)

corrigé p. 189

472 Un journaliste part au Kenya et en Tanzanie faire un reportage sur les animaux sauvages. Il se munit de 32 rouleaux de pellicule de 36 poses chacun.
Combien de photos pourra-t-il prendre ?

473 L'entrée d'un musée coûte 11 € par personne.
Calcule la dépense pour un groupe de 28 visiteurs.

Vers la division

Maman veut répartir équitablement* entre ses 4 enfants un paquet contenant 32 gâteaux.
Combien en auront-ils chacun ?

4 x … = 32 **32 : 4 = 8**

474 Recopie et complète les opérations.

6 x 2 = …	6 x … = 12
5 x 4 = …	5 x … = 20
7 x 3 = …	7 x … = 21
5 x 5 = …	5 x … = 25
8 x 6 = …	8 x … = 48

475 Recopie et complète les opérations.

5 x … = 45	… x 6 = 36
6 x … = 24	9 x … = 72
2 x … = 16	… x 5 = 30
… x 5 = 35	… x 8 = 32
… x 7 = 49	3 x … = 27

476 Recopie et complète les opérations.

8 x … = 64	32 = 8 x …
4 x … = 28	35 = 5 x …
5 x … = 15	49 = … x 7
9 x … = 81	63 = 9 x …
2 x … = 18	72 = 8 x …

477 Recopie et écris les nombres qui manquent.

2 x 5 = 10	10 : 2 = …	3 x 7 = 21	21 : 7 = …
9 x 2 = 18	18 : 9 = …	3 x 3 = 9	9 : 3 = …
4 x 3 = 12	12 : 4 = …	8 x 3 = 24	24 : 3 = …

478 Recopie et écris les nombres qui manquent.

5 x 3 = 15	15 : 5 = …	2 x 7 = 14	14 : 7 = …
3 x 9 = 27	27 : 3 = …	3 x 10 = 30	30 : 10 = …
4 x … = 20	20 : 5 = …	… x 4 = 36	36 : 4 = …

479 Recopie et mets le signe qui convient : <, > ou =.

(20 : 5) ... (26 – 7)	(48 : 6) ... (40 : 5)
(6 + 4) ... (40 : 4)	(72 : 9) ... (52 x 2)
(7 + 5) ... (27 : 3)	(34 – 25) ... (36 : 6)
(54 : 6) ... (5 + 3)	(36 : 4) ... (27 – 19)
(22 – 16) ... (64 : 8)	(24 : 8) ... (10 – 6)

480 Recopie et effectue les divisions en ligne.

32 : 8 = ...	56 : 7 = ...	45 : 9 = ...	18 : 9 = ...
27 : 3 = ...	16 : 4 = ...	18 : 6 = ...	42 : 7 = ...
63 : 9 = ...	48 : 8 = ...	28 : 4 = ...	36 : 3 = ...

481 La maîtresse répartit ses 24 élèves en 4 équipes.
Que peux-tu calculer ?

482 Avec les 60 roses qu'elle vient de recevoir, une fleuriste prépare des bouquets de 10 roses.
Combien de bouquets peut-elle préparer ?

483 Grégoire a 32 images. Il fait des paquets de 4 images.
Combien de paquets fait-il ?

484 Combien peut-on acheter de paquets de disquettes d'ordinateur à 6 € avec 42 € ?

485 Une course de relais se déroule sur 32 km.
Quelle distance parcourra chacun des 8 relayeurs* ?

486 Recopie et complète les opérations.

17 = (2 x 8) + …
38 = (5 x 7) + …
25 = (6 x 4) + …
32 = (5 x 6) + …
29 = (4 x 7) + …
84 = (9 x 9) + …
64 = (10 x 6) + …
63 = (7 x 9) + …
57 = (11 x 5) + …
44 = (6 x 7) + …

487 Recopie et complète les opérations.

27 = (5 x …) + 2
23 = (4 x …) + 3
37 = (… x 4) + 1
49 = (6 x …) + 1
50 = (… x 8) + 2
59 = (… x 7) + 3
74 = (… x 9) + 2
47 = (6 x …) + 5
69 = (7 x …) + 6
49 = (9 x …) + 4

488 Recopie et complète les opérations.

19 = (2 x …) + …
25 = (6 x …) + …
33 = (8 x …) + …
39 = (… x 7) + …
42 = (… x 4) + …
33 = (6 x …) + …
67 = (7 x …) + …
85 = (… x 8) + …
43 = (8 x …) + …
31 = (8 x …) + …

489 Recopie et complète le tableau.

nombre donné	25	24	37	43	59
divisé par	5	…	…	6	…
quotient	…	8	7	…	8
reste	…	…	…	…	3

490 On distribue 32 gâteaux à des enfants; le partage doit être équitable*. Recopie et complète le tableau.

nombre de gâteaux	nombre d'enfants	part de chacun	reste	égalité
32	2	16	0	32 = (2 x 16) + 0
	3			
	4			
	5			
	6			
	7			

491 Recopie et complète le tableau.

nombre donné	30	31	32	33	34	35
reste de la division par 5	0					
reste de la division par 6	0					
reste de la division par 7	2					
reste de la division par 8	6					

492 Hugo dispose de 18 €.
Combien de paquets de bonbons à 4 € pourra-t-il acheter?
Quelle somme lui restera-t-il?

493 Quentin part acheter des images autocollantes de football valant 3 € le paquet.
Il affirme: «J'ai 20 € dans mon porte-monnaie et je vais rapporter 7 paquets.»
Quentin a-t-il raison? Combien de paquets d'images va-t-il pouvoir acheter? Quelle somme va-t-il rapporter?

494 Sur une cassette, Inès dispose encore de 30 minutes. Elle a prévu d'enregistrer huit chansons durant chacune 4 minutes environ.
Pourra-t-elle le faire?

495 Dans un mois de 31 jours, combien y a-t-il de semaines complètes?
Combien de jours faudrait-il ajouter pour obtenir une semaine supplémentaire?

496 On dit quelquefois: «grimper les marches 4 à 4».
S'il y a 39 marches à monter de cette manière, combien en gravira-t-on lors du dernier pas?

497 Dans un rucher*, on a récolté 54 kg de miel.
Sachant que chacune des six ruches a fourni la même quantité de miel, calcule cette quantité.

498 On veut ranger 58 œufs dans des boîtes de 6.
Combien de boîtes seront-elles nécessaires ?
(N'oublie pas la boîte incomplète.)

je travaille seul(e)

corrigé p. 189

499 Six amis boivent un diabolo menthe dans un bar. Ils paient 18 €.
Quel est le prix d'un diabolo menthe ?

500 Nous sommes six amis à avoir le même âge. À nous tous, nous avons 54 ans.
Quel âge avons-nous chacun ?

La division

```
  28 | 7          30 | 7
– 28 | 4        – 28 | 4
   0 |             2 |
```

501 Recopie et effectue les divisions.

36 | 2   45 | 3   84 | 4   65 | 5   98 | 7

502 Recopie et effectue les divisions.

52 | 2   66 | 3   120 | 8   99 | 9   72 | 6

503 Pose, puis effectue les divisions.

77 : 5 = ...	98 : 9 = ...	43 : 3 = ...
125 : 5 = ...	160 : 4 = ...	133 : 2 = ...

504 Pose, puis effectue les divisions.

184 : 8 = ...	73 : 2 = ...	82 : 6 = ...
229 : 7 = ...	178 : 3 = ...	812 : 7 = ...

505 Un camion transporte un chargement de 5 bidons, représentant une masse totale de 475 kg.
Quelle est la masse d'un bidon ?

506 Lors d'un mariage, les 126 invités sont répartis sur des tables de 6 personnes.
Que peux-tu calculer ?

507 Gérald est malade ; il doit prendre 4 cachets par jour.
Le pharmacien lui a donné une boîte contenant 60 cachets.
Pendant combien de temps Gérald doit-il suivre son traitement ?

508 Sur la couverture d'un magazine, on lit : 6 numéros : 24 €.
Quel est le prix d'un numéro ?

je travaille seul(e)

corrigé p. 189

509 Recopie et effectue les divisions.

24 | 2   48 | 3   96 | 4   59 | 5   74 | 8

510 Monsieur Litou compte ranger ses 141 livres dans une nouvelle bibliothèque. Il voudrait placer 9 volumes sur chaque étagère.
Combien d'étagères peut-il remplir ?
Combien y aura-t-il de livres sur la dernière étagère ?

Utiliser les nombres : synthèse

511 Alexandre possède une encyclopédie* en deux volumes de 1 120 pages chacun. Celle de Manon comporte trois volumes de 720 pages chacun.
Quelle encyclopédie comporte le plus de pages ?

512 Recopie et complète avec le signe qui convient.

9 ... 5 = 4	20 ... 2 = 22
9 ... 5 = 14	27 ... 3 = 30
9 ... 5 = 45	27 ... 3 = 9
20 ... 2 = 10	27 ... 3 = 24
20 ... 2 = 40	27 ... 3 = 81

513 Recopie et effectue les opérations. (Calcule d'abord le nombre entre parenthèses.)

(6 + 2) x 5 = ...	(3 – 2) x 3 = ...
(19 – 9) x 3 = ...	(3 x 7) – 9 = ...
(4 x 2) x 5 = ...	(32 + 8) – 4 = ...
(15 + 5) x 1 = ...	(6 x 4) + 10 = ...
(7 x 3) x 2 = ...	(5 x 4) + 32 = ...

514 Recopie et effectue les opérations. (Calcule d'abord le nombre entre parenthèses.)

(42 + 8) x 4 = ...	(17 x 10) + 33 = ...
(203 – 194) x 8 = ...	(13 x 10) – 25 = ...
(11 x 4) – (4 x 7) = ...	(39 + 21) x 3 = ...

515 Pose, puis effectue les opérations.

28 – 15 = ...	129 + 41 + 5 = ...
63 x 2 = ...	35 + 27 + 9 = ...
236 – 48 = ...	49 + 54 + 163 = ...

516 Pose, puis effectue les opérations.

49 + 184 + 346 + 2 = ...	342 – 167 = ...
260 – 45 = ...	407 x 6 = ...
326 x 8 = ...	502 x 12 = ...

517 Pose, puis effectue les opérations. (Calcule d'abord le nombre entre parenthèses.)

(173 + 421 + 8) – 279 = ...	(365 + 1 976 + 5 204) – 3 645 = ...
(515 – 416) x 6 = ...	(412 x 21) – 3 036 = ...

518 Effectue les calculs pour trouver le nombre manquant.

(236 + 1 412) – ... = 48	(1 517 – 438) + ... = 1 100
(... x 9) + 3 = 39	(7 + 7) x ... = 42

519 Pose, puis effectue les opérations.

127 x 18 = ...	(208 x 36) – 979 = ...
(263 + 49) x 27 = ...	(94 + 1739) x 2 = ...
(316 – 84) x 108 = ...	(318 x 45) x 2 = ...

520 Alicia a perdu 7 crayons de couleurs. Sa boîte en contenait 24.
Combien de crayons lui reste-t-il ?

521 Maud achète une calculatrice à 19 € et un cahier et des stylos pour 7 €.
Combien dépense-t-elle ?

522 Madame Leblanc a acheté à chacun de ses quatre enfants une paire de chaussures valant 32 €.
Combien madame Leblanc a-t-elle dépensé ?

523 Nathan a 11 ans. Son père est trois fois plus âgé que lui.
Quel est l'âge de son père ?

524 Les élèves d'une école ont versé chacun 5 € à la caisse des écoles. Ils se répartissent ainsi :

CP	CE1	CE2	CM1	CM2
21	24	28	32	29

Calcule de deux manières différentes la recette* totale de la caisse des écoles.

525 Un jardinier achète 45 plants* de rosiers à 5 € l'un et 12 sapins à 29 € pièce.
Combien paiera-t-il en tout ?

526 Charlemagne, né en 742 et mort en 814, a été couronné empereur en 800. Quel âge avait-il lors de son couronnement ?
À quel âge est-il mort ?

527 Observe, puis complète ce tableau représentant la répartition de la population dans plusieurs régions françaises.

	sur 100 habitants	
	vivent à la campagne	vivent à la ville
Île-de-France	4	
Picardie		61
Bretagne	44	
Midi-Pyrénées	41	
Languedoc-Roussillon		69

528 Chaque jour, Célia utilise 300 g de viande pour préparer le repas de son chien.
Quelle quantité de viande utilise-t-elle en une semaine ? (Donne la réponse en grammes, puis en kilogrammes et grammes.)

529 Dans une salle de spectacles, il y a 35 rangées de 20 fauteuils.
Ce soir, 489 places sont occupées.
Combien de billets pourrait-on encore vendre ?

530 Pour une course à pied, 425 coureurs ont payé chacun 5 € d'inscription.
Calcule la somme totale que les organisateurs ont reçue.
Ceux-ci ont reversé 3 € par coureur à une association humanitaire*.
Combien cette association a-t-elle reçu ?
Combien reste-t-il aux organisateurs ?

531 En France, sur 100 personnes qui ont un emploi, 58 personnes travaillent dans les bureaux et le commerce, 34 personnes travaillent dans l'industrie et la construction et les autres travaillent dans l'agriculture.
Sur 100 personnes, combien travaillent dans l'agriculture ?

532 Arthur lit une bande dessinée qui compte 48 pages. Il en est à la page 19.
Combien de pages a-t-il encore à lire ?

533 Un jardinier dispose de 5 bacs à fleurs. Il plante 8 bulbes de tulipes dans chaque bac.
Calcule le nombre de tulipes qui pourront fleurir.

534 Flora observe les barils de lessive qui sont en rayon au supermarché. « Il n'y a plus que 72 kg de lessive en vente » dit-elle à sa maman. Chaque baril pèse 8 kg.
Combien de barils Flora a-t-elle comptés ?

535 Apolline a acheté un pantalon trop petit. Elle l'a payé 32 € et le revend 24 € à Sandra.
Calcule combien elle a perdu.

536 Une citerne* percée laisse échapper 1 L d'eau chaque minute.
Quelle quantité d'eau perd-elle en 1 heure ? (1 h = ... min.)

537 Papa refait le carrelage au-dessus de l'évier de la cuisine.
Il dispose 5 rangées de 16 carreaux chacune.
Que peux-tu calculer ?

538 Antoine, Charlotte, Agathe, Raphaël et Maud ont tous le même âge. Ensemble, ils ont 35 ans.
Quel âge a chaque enfant ?

539 Lis attentivement les informations suivantes, puis réponds aux questions posées.

- Chaque Français utilise en moyenne 23 kg de lessive par an.
- Chaque Français utilise en moyenne 130 kg de papier par an, chaque Américain 200 kg.
- Chaque Français produit en moyenne 288 kg de déchets par an, chaque Américain 875 kg.

a) Calcule la différence annuelle de production de déchets entre un Français et un Américain.

b) Calcule la consommation de papier annuelle pour une famille américaine de 5 personnes.

c) Calcule la quantité moyenne de lessive utilisée en France, en un an, pour un village de 867 habitants.

540 Pour le goûter d'anniversaire de Dimitri, maman a acheté 6 tartelettes, 3 éclairs au chocolat et 5 chaussons aux pommes. Dimitri a invité 11 camarades.
Auront-ils chacun un gâteau ?

541 La somme de deux nombres supérieurs à 5 est égale à 17.
Quels sont ces nombres ? (Tu peux trouver plusieurs solutions.)

542 Simon a joué aux fléchettes.
Combien de points
a-t-il marqués ?

543 Damien et Antonin sont allés à la pêche. Antonin a pêché sept poissons et Damien le double.
Combien de poissons rapporteront-ils ?

544 À la cantine, les élèves occupent 12 tables de 8 places chacune.
Combien d'élèves mangent à la cantine ?

545 Cette année, mamie a fait 47 pots de confiture, soit 13 de plus que l'an dernier.
Combien de pots de confiture avait-elle préparé l'an dernier ?

546 Recopie la grille et complète-la avec les indications suivantes.
1) Nombre des travaux d'Hercule ; (4 x 50) + 5.
2) (33 – 29) ; (100 – 55) ; le triple de 3.
3) 7 dizaines et 5 unités ; (20 – 11).
4) (5 x 10) + (4 x 7) ; 9 dizaines et 7 unités.
5) (15 x 5) + 1 ; huit centaines, 9 dizaines, 6 unités.
6) (4 x 100) + (3 x 10) + 3 ; (4 x 20) + (2 x 6).

A) 2 x (4 + 3) ; (7 x 100) + (7 x 10) + 4.
B) (16 : 8) ; sept mille huit cent soixante-trois.
C) (90 : 2) ; le triple de un.
D) (100 : 4) ; (2 x 2 x 2).
E) Nul ; neuf mille neuf cent quatre-vingt-dix-neuf.
F) (32 + 27) ; juste après 761.

IV Mesurer, classer, ranger

Les durées : semaines, mois, années

547 Observe le calendrier de la page 95 et réponds aux questions.

a) Cite les mois qui comptent 31 jours.

b) Cite les mois qui comptent 30 jours.

c) Quel mois n'a pas été cité ? Pourquoi ?

d) Deux mois qui se suivent ont le même nombre de jours. Lesquels ?

e) Une période de trois mois forme un trimestre. Quels mois forment le deuxième trimestre de l'année.

f) Recopie et complète les phrases.

- La 8e semaine de l'année débute le ... et se termine le ... .
- Le mois de septembre compte ... lundis et ... samedis.
- Le 14 Juillet est un ... et Mardi gras est le ... février.

2002 : 1er semestre

JANVIER	FEVRIER	MARS	AVRIL	MAI	JUIN
1 M Jour de l'An	1 V Ella	1 V Aubin	**1 L Lundi de Pâques**	**1 M Fête du Travail**	1 S Justin
2 M Basile	2 S Présent. Seig.	2 S Charles le Bon	2 M Sandrine	2 J Boris	2 D Blandine
3 J Geneviève	3 D Blaise	3 D Guénolé	3 M Richard	3 V Jacques, Philippe	3 L Kévin
4 V Odilon	4 L Véronique	4 L Casimir	4 J Isidore	4 S Sylvain	4 M Clotilde
5 S Edouard	5 M Agathe	5 M Olive	5 V Irène	5 D Judith	5 M Igor
6 D Epiphanie	6 M Gaston	6 M Colette	6 S Marcellin	6 L Prudence	6 J Norbert
7 L Raymond	7 J Eugénie	7 J Félicité	7 D Jean-Baptiste	7 M Gisèle	7 V Gilbert
8 M Lucien	8 V Jacqueline	8 V Jean de Dieu	8 L Julie	**8 M Victoire 1945**	8 S Médard
9 M Alix	9 S Apolline	9 S Françoise	9 M Gautier	**9 J Ascension**	9 D Diane
10 J Guillaume	10 D Arnaud	10 D Vivien	10 M Fulbert	10 V Solange	10 L Landry
11 V Paulin	11 L N.D. Lourdes	11 L Rosine	11 J Stanislas	11 S Estelle	11 M Barnabé
12 S Tatiana	12 M Félix - Mardi-Gras	12 M Justine	12 V Jules	12 D Achille	12 M Guy
13 D Yvette	13 M Béatrice - Cendres	13 M Rodrigue	13 S Ida	13 L Rolande	13 J Antoine
14 L Nina	14 J Valentin	14 J Mathilde	14 D Maxime	14 M Matthias	14 V Elisée
15 M Rémi	15 V Claude	15 V Louise	15 L Paterne	15 M Denise	15 S Germaine
16 M Marcel	16 S Julienne	16 S Bénédicte	16 M Benoît	16 J Honoré	16 D Fête Dieu
17 J Roseline	17 D Alexis	17 D Patrice	17 M Anicet	17 V Pascal	17 L Hervé
18 V Prisca	18 L Bernadette	18 L Cyrille	18 J Parfait	18 S Eric	18 M Léonce
19 S Marius	19 M Gabin	19 M Joseph	19 V Emma	19 D Pentecôte	19 M Romuald
20 D Sébastien	20 M Aimée	20 M Herbert	20 S Odette	**20 L Lundi de Pentecôte**	20 J Silvère
21 L Agnès	21 J P. Damien	21 J Clémence Printemps	21 D Anselme	21 M Constantin	21 V Gonzague
22 M Vincent	22 V Isabelle	22 V Léa	22 L Alexandre	22 M Emile	22 S Alban
23 M Barnard	23 S Lazare	23 S Victorien	23 M Georges	23 J Didier	23 D Audrey
24 J Fr. de Sales	24 D Modeste	24 D Rameaux	24 M Fidèle	24 V Donatien	24 L Jean-Baptiste
25 V Conv. St Paul	25 L Roméo	25 L Humbert - Annonciation	25 J Marc	25 S Sophie	25 M Prosper
26 S Paule	26 M Nestor	26 M Larissa	26 V Alida	26 D Fête des Mères	26 M Anthelme
27 D Angèle	27 M Honorine	27 M Habib	27 S Zita	27 L Augustin	27 J Fernand
28 L Th. d'Aquin	28 J Romain	28 J Gontran	28 D Valérie	28 M Germain	28 V Irénée
29 M Gildas		29 V Gwladys	29 L Cath. de Sienne	29 M Aymar	29 S Pierre, Paul
30 M Martine		30 S Amédée	30 M Robert	30 J Ferdinand	30 D Martial
31 J Marcelle		31 D Pâques		31 V Visitation	

2002 : 2e semestre

JUILLET	AOÛT	SEPTEMBRE	OCTOBRE	NOVEMBRE	DECEMBRE
1 L Thierry	1 J Alphonse	1 D Gilles	1 M Thérèse de l'E.J.	**1 V Toussaint**	1 D Florence
2 M Martinien	2 V Julien	2 L Ingrid	2 M Léger	2 S Défunts	2 L Viviane
3 M Thomas	3 S Lydie	3 M Grégoire	3 J Gérard	3 D Hubert	3 M Xavier
4 J Florent	4 D J.-M. Vianney	4 M Rosalie	4 V François d'Assise	4 L Charles	4 M Barbara
5 V Antoine	5 L Abel	5 J Raïssa	5 S Fleur	5 M Sylvie	5 J Gérald
6 S Mariette	6 M Transfiguration	6 V Bertrand	6 D Bruno	6 M Bertille	6 V Nicolas
7 D Raoul	7 M Gaëtan	7 S Reine	7 L Serge	7 J Carine	7 S Ambroise
8 L Thibaut	8 J Dominique	8 D Nativité N.D.	8 M Pélagie	8 V Geoffroy	8 D Imm.Conception
9 M Amandine	9 V Amour	9 L Alain	9 M Denis	9 S Théodore	9 L P. Fourier
10 M Ulrich	10 S Laurent	10 M Inès	10 J Ghislain	10 D Léon	10 M Romaric
11 J Benoît	11 D Claire	11 M Adelphe	11 V Firmin	**11 L Armistice 1918**	11 M Daniel
12 V Olivier	12 L Clarisse	12 J Apollinaire	12 S Wilfried	12 M Christian	12 J Jeanne F. de Chantal
13 S Henri, Joël	13 M Hippolyte	13 V Aimé	13 D Géraud	13 M Brice	13 V Lucie
14 D Fête Nationale	14 M Evrard	14 S Ste Croix	14 L Juste	14 J Sidoine	14 S Odile
15 L Donald	**15 J Assomption**	15 D Roland	15 M Thérèse d'Avila	15 V Albert	15 D Ninon
16 M N.-D. Mt Carmel	16 V Armel	16 L Edith	16 M Edwige	16 S Marguerite	16 L Alice
17 M Charlotte	17 S Hyacinthe	17 M Renaud	17 J Baudouin	17 D Elisabeth	17 M Gaël
18 J Frédéric	18 D Hélène	18 M Nadège	18 V Luc	18 L Aude	18 M Gatien
19 V Arsène	19 L Jean Eudes	19 J Emilie	19 S René	19 M Tanguy	19 J Urbain
20 S Marina	20 M Bernard	20 V Davy	20 D Adeline	20 M Edmond	20 V Théophile
21 D Victor	21 M Christophe	21 S Matthieu	21 L Céline	21 J Présent. Marie	21 S Pierre C.
22 L Marie-Madeleine	22 J Fabrice	22 D Maurice	22 M Elodie	22 V Cécile	22 D F-Xavière - Hiver
23 M Brigitte	23 V Rose de Lima	23 L Constant Automne	23 M Jean de C.	23 S Clément	23 L Armand
24 M Christine	24 S Barthélemy	24 M Thècle	24 J Florentin	24 D Flora	24 M Adèle
25 J Jacques	25 D Louis	25 M Hermann	25 V Crépin	25 L Catherine L.	**25 M Noël**
26 V Anne, Joachim	26 L Natacha	26 J Côme, Damien	26 S Dimitri	26 M Delphine	26 J Etienne
27 S Nathalie	27 M Monique	27 V Vincent de Paul	27 D Emeline	27 M Séverin	27 V Jean-l'Apôtre
28 D Samson	28 M Augustin	28 S Venceslas	28 L Simon, Jude	28 J Jacques de la M.	28 S Innocents
29 L Marthe	29 J Sabine	29 D Michel	29 M Narcisse	29 V Saturnin	29 D David
30 M Juliette	30 V Fiacre	30 L Jérôme	30 M Bienvenue	30 S André	30 L Roger
31 M Ignace de L.	31 S Aristide		31 J Quentin		31 M Sylvestre

548 Combien une semaine compte-t-elle de jours ? Écris leurs noms.

549 Recopie et complète les phrases.
365 jours forment … . Dans une année, il y a … mois.

550 Laura arrive en vacances chez sa grand-mère le vendredi 12 avril 2002 au matin. Elle doit y passer une semaine.
Quel jour rentrera-t-elle chez elle ?

551 Recopie et complète les dates en suivant le modèle donné.

3 juin 1997	: 3/6/97	27 septembre 1969 :	...
2 mai 1997	: ...	...	: 17/8/92
14 décembre 1992 :	...	...	: 19/9/96

552 Recopie et complète les égalités.

9 jours = 1 semaine et ... jours	2 semaines et 5 jours = ... jours
13 jours = ... semaine et ... jours	3 semaines = ... jours
17 jours = ... semaine et ... jours	7 semaines et 1 jour = ... jours

553 Recopie et complète ce tableau (Aide-toi du calendrier de la page 95).

4 jours plus tôt	...	...	...	...	...
jour donné	13/3/02	18/11/02	30/9/02	2/7/02	26/2/02
5 jours plus tard	...	...	...	...	...

554 Recopie et complète ce tableau.

	est né(e) le	a eu 8 ans le
Juliette	4 janvier 1991	...
Baptiste	12 juin 1988	...
Enzo	...	5 avril 1995
Éva	1er septembre 1986	...
Gaétan	...	14 novembre 1999

555 Les vacances de printemps débutent le vendredi 5 avril au soir et se terminent le lundi 22 avril au matin.
Combien de journées complètes durent-elles ?

556 Recopie et complète en t'aidant du calendrier de la page 95.
EXEMPLE : le 4/2/02 est un lundi.

Le 5/7/02 est un	Le 15/5/02 est un ... .
Le 1/.../02 est un vendredi.	Le 31/.../02 est un jeudi.

557 Le départ de la fusée *Ariane*, prévu le 14 avril, a été reculé d'une semaine et deux jours.
À quelle date a eu lieu le lancement ?

558 Papa ne travaille ni le samedi ni le dimanche. Au mois de mars 2002, il a pris en plus deux jours de congé.
Combien de jours a-t-il travaillé durant ce mois ?
(Regarde le calendrier.)

559 Réponds par VRAI ou FAUX.
En 2002 :
a) la fête nationale est un dimanche ;
b) Noël est un jeudi ;
c) la Saint-Pascal est un vendredi du mois de mai.

560 Avec l'aide du calendrier de la page 95, recopie et complète les phrases.
En 2002 :
a) le premier jour du printemps est le ... et le dernier jour est le ... ;
b) le 21 juin est le premier jour de ... ;
c) le 21 décembre est le premier jour de ... .

561 Monsieur et madame Anselme ont passé des vacances en Espagne. Ils ont visité ce pays du 2/7/02 inclus* au 11/7/02 inclus.
Combien de temps a duré leur voyage ?

corrigé p. 189

je travaille seul(e)

562 Combien y a-t-il de jours entre le 4/3/02 au matin et le 20/3/02 au soir ?

563 Recopie et complète les égalités.

4 semaines = ... jours	1 semestre = ... mois.
1 trimestre = ... mois	12 jours = ... semaine et ... jours.

Le mois le plus court de l'année est le mois de ... .

L'heure

Matin

11 h 15
11 : 15

Après-midi

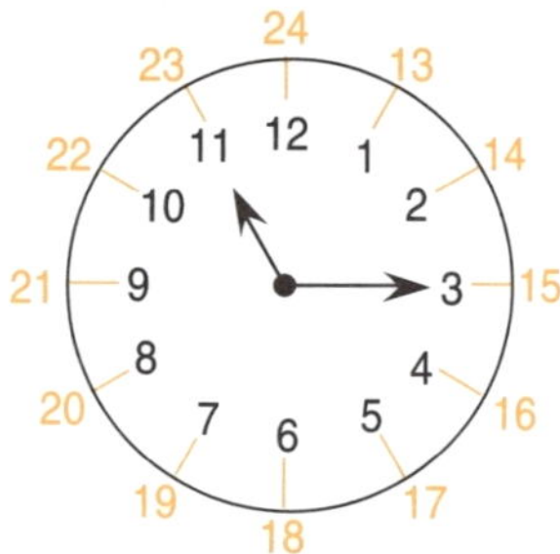

23 h 15
23 : 15

564 Nous sommes le matin ; quelle heure est-il ?

a) 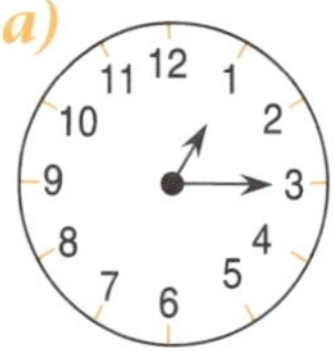
b) 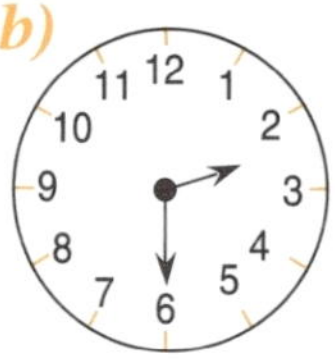
c) 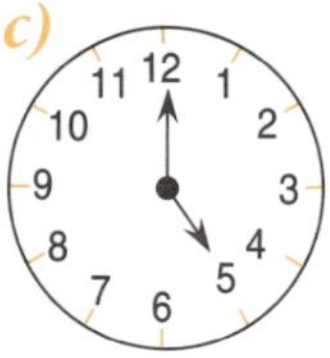
d) 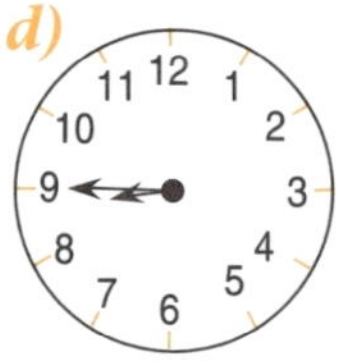
e) 

565 Reproduis et complète le tableau en inscrivant les heures.

	a	b	c	d	e
matin					
après-midi					

a) 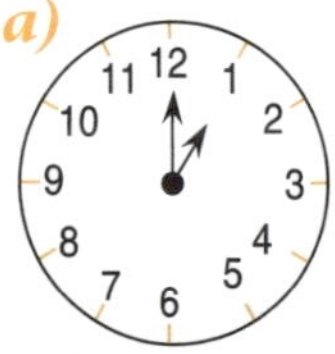
b) 
c) 
d) 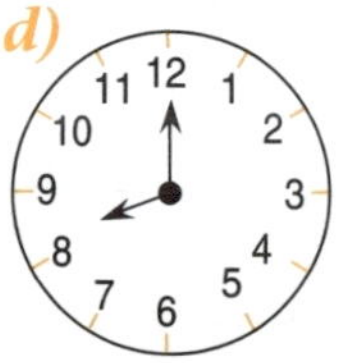
e) 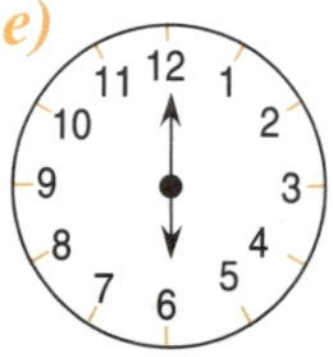

566 Quand l'aiguille des heures est sur le 4 le matin, il est 4 h ; l'après-midi, il est 16 h. Reproduis le tableau, puis fais correspondre les heures de l'après-midi à celles du matin.

matin	9	5	8	11	6	2	7	1	10
après-midi									

567 Voici des cadrans de montres à affichage numérique ; dessine pour chacune une montre à aiguilles ; indique l'heure correspondante.

4 : 30   5 : 20   6 : 45   2 : 45   1 : 30   12 : 15

568 Écris l'heure indiquée sur les montres à affichage numérique, d'après l'exemple.

EXEMPLE : 2 : 55 = 3 heures moins 5

5 : 35   6 : 45   9 : 55   7 : 40   3 : 50   8 : 45

569 Reproduis et complète le tableau.

La grande aiguille est sur le …					
Il est …	4 h 20	5 h 15	7 h 35	9 h 55	11 h 10

570 Reproduis et complète le tableau.

La grande aiguille est sur le …	1	2	3	4	5	6	7	8	9	10	11
Nombre de minutes correspondant											

571 Écris l'heure selon l'exemple.

	matin	après-midi
EXEMPLE : 7 h moins le quart :	6 : 45	18 : 45

10 h moins 10 : …
11 h moins 5 : …

12 h moins 25 : …
9 h moins 20 : …

572 Quelles sont les pendules qui indiquent la même heure ?

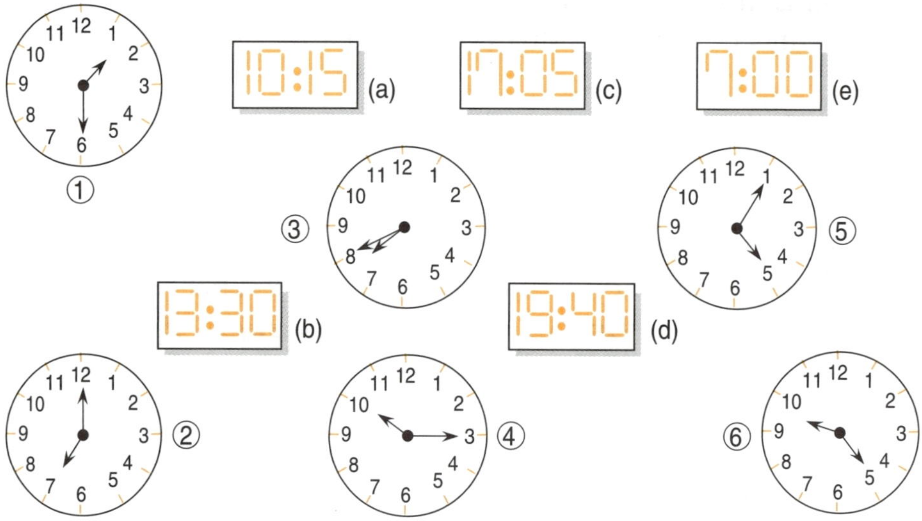

573 Recopie et complète le tableau.

nombre d'heures	1	4	3	5	7	9
nombre de minutes						

574 Un voyageur part de Paris à 7 h pour se rendre à Strasbourg. Son voyage dure 3 h.
À quelle heure arrive-t-il à destination ?

575 Solenne va au cinéma. La séance commence à 14 h 15. Le film dure 2 heures.
À quelle heure Solenne sortira-t-elle ?

576 Il est 9 h 20. Papa met de l'argent dans le parcmètre pour une durée de 2 heures.
À quelle heure devra-t-il reprendre sa voiture ?

577 Le TGV qui devait arriver à 15 h 30 entre en gare à 15 h 45.
Que peux-tu calculer ?

578 Camille part de chez sa camarade Pauline à 18 h et arrive chez elle à 18 h 15.
Que peux-tu calculer ?

579 Il est 14 h. Alexandre et Tom partent faire une promenade à vélo dans la forêt.
À quelle heure rentreront-ils si leur excursion dure 1 h 35 min ?

580 Yassine met 12 minutes pour aller à l'école.
À quelle heure doit-il partir de chez lui s'il veut être à l'école à 8 h 25 ?
À quelle heure est-il parti de chez lui s'il n'arrive à l'école qu'à 8 h 35 ?

581 Un coureur à pied met 50 minutes pour parcourir 10 kilomètres.
Un second coureur met 14 minutes de moins.
Quel est le temps du second ?

582 Maman a programmé le magnétoscope : début, 8 h 40 ; fin, 11 h.
Combien de temps dure le film qu'elle veut enregistrer ?

583 Les cassettes pour platine cassette ou magnétophone peuvent durer 60 min, 90 min, 100 min, 120 min.
Les cassettes pour magnétoscope peuvent durer 90 min, 120 min, 180 min, 210 min, 240 min.
Donne ces durées en heures et minutes.

je travaille seul(e)

corrigé p. 189

584 Nous sommes l'après-midi ; quelle heure indique chacune de ces pendules ?

585 Monsieur et madame Lucet sont partis de chez eux à 18 h 45 pour se rendre chez des amis. Ils arrivent à 19 h 35.
Combien de temps a duré leur trajet ?

Lecture de données : tableaux, graphiques, horaires…

586 Voici le calendrier annuel des températures à Strasbourg.

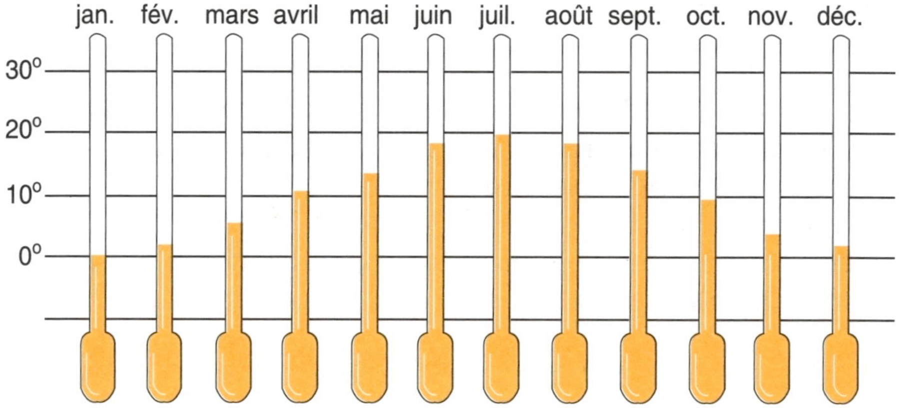

Réponds par VRAI ou FAUX.

a) Juillet est le mois le plus chaud.
b) Décembre est le mois le plus froid.
c) En avril, la température moyenne est d'environ 10 °C.
d) Octobre est un mois plus froid qu'avril.

587 Observe ce tableau, puis réponds aux questions.

population de la commune d'Écoute-s'il-pleut	
filles (moins de 18 ans)	1 634
garçons (moins de 18 ans)	1 529
hommes (de 18 à 65 ans)	1 837
femmes (de 18 à 65 ans)	2 023
hommes (plus de 65 ans)	542
femmes (plus de 65 ans)	694

a) Quelle est la population totale de cette commune ?
b) Quelle est la population masculine totale de la commune ?
c) Quelle est la population âgée de moins de 18 ans ?

588 Observe ce graphique.

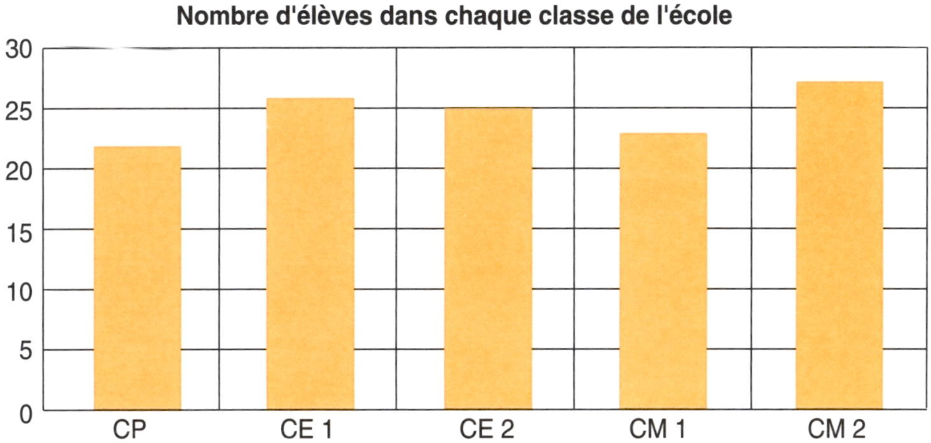

1. Réponds par VRAI ou FAUX.

a) Le nombre d'élèves du CM1 est inférieur à celui du CP.

b) Le nombre d'élèves du CE1 est supérieur à celui du CE2.

c) C'est au CM2 que le nombre d'élèves est le plus important.

2. Réponds aux questions.

a) Quelle est la classe où il y a le plus d'élèves ?

b) Quelle est la classe où il y a le moins d'élèves ?

c) Combien d'élèves y a-t-il au CE2 ?

589 Observe ce tableau et réponds aux questions.

parc de la gare		
1er étage	90	88
2e étage	65	53
3e étage	65	14
	nombre de places disponibles	nombres de places occupées

a) Combien de voitures le parc peut-il contenir ?

b) Combien de voitures sont actuellement stationnées ?

c) Combien de voitures peuvent encore se garer au 3e étage ?

590 Observe ce graphique.

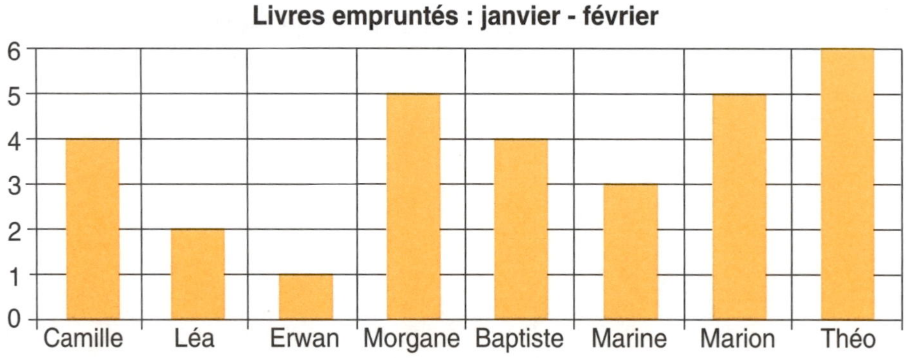

1. Réponds par VRAI ou FAUX.

a) Baptiste et Camille ont lu à eux deux le même nombre de livres que Marion et Marine ensemble.

b) Léa et Marine réunies ont lu moins de livres que Théo seul.

2. Réponds aux questions.

a) Qui a lu le moins de livres ? Combien ?

b) Qui a lu le plus grand nombre de livres ? Combien ?

c) Que peux-tu dire à propos de Marion et Morgane ?

d) Qui a lu plus de livres que Camille ?

3. Calcule le nombre de livres empruntés :

a) par les quatre premiers enfants réunis ;

b) par les quatre autres enfants réunis.

4. Que peux-tu encore calculer ?

591 Un téléphérique transporte des touristes. Voici le tableau des voyages qu'il effectue dans la journée du dimanche.

départ	8 h	9 h	10 h	11 h	12 h	14 h	15 h	16 h	17 h	18 h
nombre de voyageurs	12	38	68	72	65	64	59	66	47	24

1. Réponds par VRAI ou FAUX.

a) Il y a plus de voyageurs à 10 h qu'à 16 h.

b) C'est le 7e voyage qui est le plus chargé.

2. Réponds aux questions.

a) À quelle heure de la journée n'y a-t-il pas de départ ?

b) Calcule le nombre de passagers pour la matinée.

c) Calcule le nombre de passagers pour l'après-midi.

d) Que peux-tu encore calculer ?

592 Dans ce tableau, un vendeur du rayon « musique » a noté ses ventes durant le mois de mai.

	1re semaine	2e semaine	3e semaine	4e semaine	total
cassettes	182	174	259	124	
disques laser	438	287	389	306	
coffrets	180	136	76	98	
total					

Réponds aux questions.
a) À quoi correspond le nombre 182 ?
b) À quoi correspond le nombre 389 ?
c) Quelle est la totalité des ventes dans la première semaine ?
d) Combien de disques laser ont été vendus au mois de mai ?
e) À quoi correspond la case grise ? Essaie de la compléter.

593 Ce graphique représente un extrait des courbes de masse de trois enfants : Léo (en orange) ; Mathis (en noir) ; Félix (en pointillé).

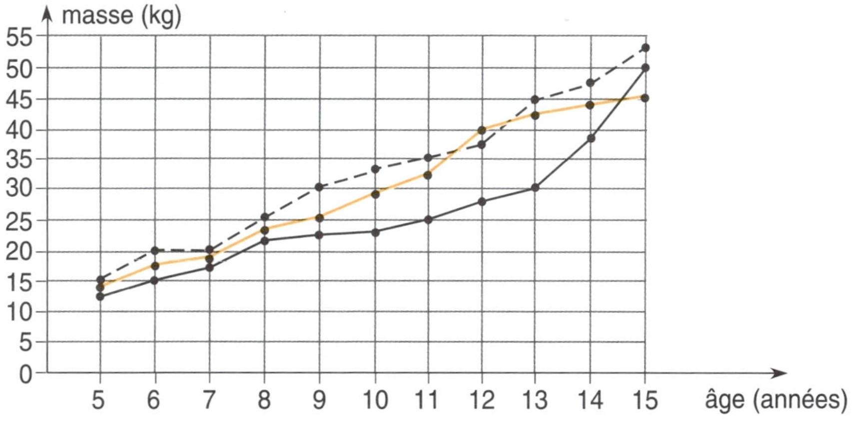

1. Réponds par VRAI ou FAUX.
a) Mathis n'a jamais pesé plus lourd que Léo.
b) À 10 ans, Félix avait la même masse que Mathis.
c) À 8 ans, la masse des trois garçons était inférieure à 60 kg.

2. Réponds aux questions.
a) Lequel pesait le plus à 6 ans ?
b) Lequel pesait le plus à 12 ans ?
c) Lequel pesait le plus à 15 ans ?

594 Observe cet extrait de carte routière, puis réponds aux questions.

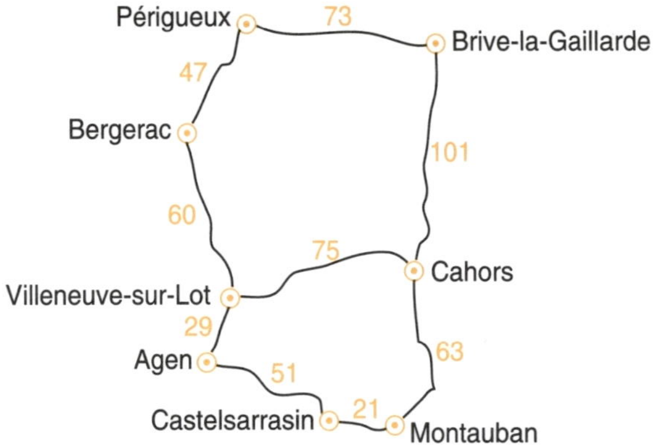

a) Monsieur Justin doit se rendre de Périgueux à Cahors. À l'aide de la carte, indique-lui le chemin le plus court.

b) Monsieur et madame Labrit partent de Brive-la-Gaillarde pour aller à Agen. Monsieur Labrit affirme qu'il est plus court de passer par Bergerac. Madame Labrit soutient que le chemin le plus court passe par Cahors. Qui a raison ? Indique dans ce cas les villes traversées ?

c) Réponds par VRAI ou FAUX à cette proposition et justifie ta réponse.
La distance entre Bergerac et Montauban est plus courte que celle entre Brive-la-Gaillarde et Montauban.

595 Voici un extrait de catalogue de vente par correspondance. Madame Renoux a choisi plusieurs articles et a rempli le bon de commande, mais certaines informations ont été effacées. Recopie ce bon et complète-le.

tee-shirt – 100 % coton
taille unique – 2 coloris au choix
bleu/blanc ou orange/blanc

bleu/blanc	Réf. 3077 H6
rouge/blanc	Réf. 3077 H3

prix : 12 €

chemisier brodé
2 coloris au choix

	blanc	vert
taille 1	1034 A8	1044 R5
taille 2	2034 C7	2044 N6
taille 3	3034 E5	3044 T8

prix : 18 €

robe classique
50 % polyester
50 % viscose

taille 38	307	J5
taille 40	407	N3
taille 42	607	A9

prix : 55 €

veste sport jaune or
70 % coton – 30 % viscose
taille unique
Réf. 8038 R7
prix : 59 €

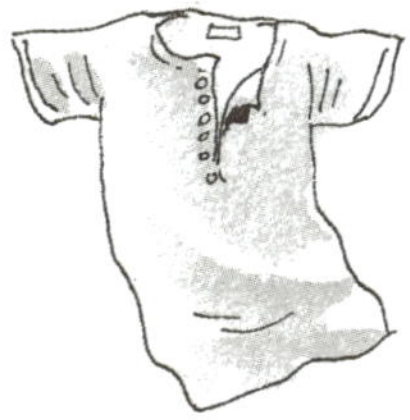

tee-shirt – coloris jaune
70 % coton – 30 % polyester

taille 1	2854	R1
taille 2	2855	Z7
taille 3	2856	D4

prix : 9 €

tee-shirt « l'été bleu »
100 % coton – taille unique
3 coloris au choix

paille	3064	J4
vert	5064	R9
cassis	7064	A7

prix : 15 €

« LES 2 BELGES » Bon de commande

désignation article	référence	quantité	prix unitaire	prix
tee-shirt bleu/blanc	…	1	12 €	…
…	5064 R9	…	15 €	30 €
chemisier vert (taille 2)	…	…	…	18 €
tee-shirt jaune (taille 3)	…	1	9 €	…
			total	…

596 Observe cet horaire d'autobus et réponds aux questions.

station	horaire						
mairie	7 h 45	8 h 05	9 h	10 h 30	11 h 15	12 h 25	13 h
collège	7 h 50	8 h 10	9 h 05		11 h 20	12 h 30	13 h 05
hôpital	8 h	8 h 20	9 h 15	10 h 40		12 h 40	13 h 15
école Prévert	8 h 05	8 h 25			11 h 30		13 h 20
piscine	8 h 10	8 h 30	9 h 25	10 h 45		12 h 45	
école Charcot	8 h 20	8 h 40			11 h 40		13 h 25
stade		8 h 45	9 h 30	10 h 55	11 h 50		13 h 30

a) Vincent est élève à l'école Charcot. La classe commence à 8 h 30. À quelle heure doit-il prendre le car à la mairie pour ne pas être en retard le matin ?

b) Lou est élève à l'école Prévert et elle prend aussi le car à la mairie. Peut-elle prendre le car plus tard que Vincent pour être à 8 h 30 à l'école ?

c) Madame Fagniez prend le car au collège pour rendre visite à une amie à l'hôpital. Elle veut y être entre 9 h et 10 h. À quelle heure doit-elle prendre le car ?

d) Monsieur Claude peut-il prendre le car à la mairie à 11 h 15 pour se rendre à la piscine ?

e) Aglaé prend le car à l'hôpital à 13 h 15. Sera-t-elle à l'école Charcot avant la reprise des cours à 13 h 30 ?

597

Cinéma « LE GLOBE »		
Harry Potter	*Dinosaure*	*Histoire sans fin*
prix des places : 8 €	prix des places : 6 €	prix des places : 10 €
séances à : 10 h 14 h 30 17 h 19 h 30 22 h	séances à : 10 h 15 14 h 15 16 h 30 18 h 45 21 h	séances à : 10 h 14 h 30 17 h 10 19 h 40 22 h 10
demi-tarif 1 : enfants de moins de 10 ans. 2 : le lundi toute la journée.		

a) Mercredi, Blanche, qui a 8 ans, et ses deux frères, âgés de 10 et 12 ans, sont allés ensemble au cinéma, à la 1re séance de l'après-midi. Blanche a vu *Dinosaure*, Quentin a vu *Harry Potter* et Alex *Histoire sans fin*.
- Qui est entré le premier au cinéma ?
- Qui est sorti le dernier ?
- Combien ont-ils payé pour eux trois ?

b) Un groupe de cinq adultes va voir *Harry Potter*, le lundi à la séance de 17 h. Combien paient-ils ?

c) Monsieur Critique arrive au cinéma à 14 h. Il souhaite voir successivement les trois films proposés. Est-ce possible ? Dans quel ordre doit-il les voir ?

598 Avec l'horaire de chemin de fer, aide ces voyageurs à prendre le bon train.

numéro de train	1634	176	3226	154	4326	7514
note à consulter	1	2	3	1	1	3
Paris-Montparnasse	07.07	07.10	09.49	10.04	12.51	14.08
Le Mans	08.56	08.51	11.33			15.55
Laval	09.42	09.34		12.35		
Rennes	10.20	10.10	13.00	13.25	15.56	17.14
Vannes	11.38	11.18		14.56		18.42
Lorient	12.08	11.56	15.00	15.44		19.23
Quimper	13.00	12.45	15.51	16.34	18.42	20.14

Notes 1 : circule tous les jours sauf les dimanches et fêtes.
2 : circule les dimanches et fêtes uniquement.
3 : circule tous les jours.

a) Monsieur Redoux doit prendre le train le 14 juillet au départ de Paris pour se rendre à Rennes. Il doit être à Rennes avant midi. Quel train doit-il prendre ? (Donne son numéro.)

b) Madame Lise doit prendre le train au Mans le lundi 25 juin pour rejoindre sa fille qui l'attendra à Lorient vers 15 h 30. Quel train peut-elle prendre ? (Donne son numéro.)

c) Monsieur et madame Laurence veulent prendre le train à Vannes le mercredi 30 mai pour se rendre à Lorient. Ils souhaitent arriver à Lorient entre 15 h et 20 h. Quels trains peuvent-ils prendre ?

d) Paul doit partir de Paris un lundi matin pour se rendre à Laval. Il ne peut pas partir avant 8 h. Quel train doit-il prendre ?

e) Monsieur Levant doit prendre le train à Paris un jeudi pour se rendre à Rennes, où il sera attendu vers 13 h 15. Il repartira de Rennes dans l'après-midi afin d'aller à Quimper vers 19 h. Indique-lui les trains qu'il devra prendre.

je travaille seul(e)

corrigé p. 189

599

Chaussettes de laine
Référence: 3612 V
Prix:
du 36 au 40 **9 €**
du 41 au 45 **10 €**

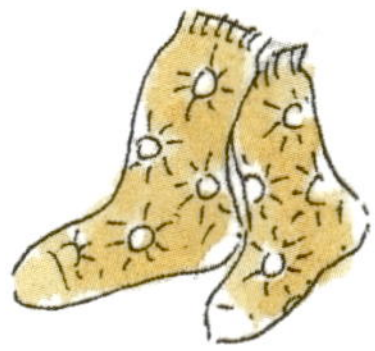

Chaussettes fantaisie
Référence: 3712 S
Prix:
du 36 au 40 **6 €**
du 41 au 45 **7 €**

Chaussons enfants
Référence: 2241 E
Prix:
du 32 au 35 **9 €**
du 36 au 39 **11 €**

Pantoufles hommes
Référence: 2541 H
Prix:
du 38 au 42 **18 €**
du 43 au 46 **20 €**

Pantoufles femmes
Référence: 2741 F
Prix:
du 36 au 42 **23 €**

Chaussettes de tennis
Référence: 3812 X
Prix:
du 36 au 40 **6 €**
du 41 au 45 **7 €**

Recopie ce bon de commande et aide Mélanie à le compléter.

article	référence	taille	quantité	prix unitaire	prix
chaussettes de tennis	…	42	1	…	…
…	3712 S	37	…	…	12 €
pantoufles hommes	…	42	1	…	…
…	2241 E	38	1	…	…
				TOTAL	…
				frais de transport	5 €
				montant à payer	…

La monnaie

Les pièces

600 Calcule la somme totale, en euros et centimes d'euro, de chaque ensemble de pièces.

a) 

b) 

c) 

d) 

e) 

601 Calcule, en euros et centimes d'euro, le prix payé avec chaque ensemble de pièces.

a) 

b) 

c) 

d) 

e) 

602 Pour payer 60 centimes d'euro :
– je donne 2 pièces; dessine-les.
– je donne 3 pièces; dessine-les.

603 Pour payer 2 € 50 c, je donne 2 pièces. Dessine-les.
Je peux aussi donner 3 pièces. Dessine-les.

604 Dessine les pièces utilisées pour payer les sommes suivantes:
75 centimes d'euro – 3 € 50 c – 6 € 37 c – 5 € 18 c – 4 € 82 c.

605 Trouve au moins trois possibilités pour payer 3 € 75 c.

606 Calcule la somme totale, en euros et centimes d'euro, de chaque ensemble de pièces.

a) 

b) 

c) 

d) 

e) 

607 En utilisant le moins de pièces possible, dessine les pièces dont tu te sers pour payer:
1 € 80 c – 2 € 24 c – 3 € 90 c – 2 € 43 c – 4 € 66 c.

608 Florian veut acheter un magazine valant 2 € 65 c. Voici les pièces qu'il a dans son porte-monnaie. A-t-il assez d'argent?

609 Écris les sommes suivantes en centimes d'euro. (1 € = 100 centimes.)

2 € = …	2 € + 1 € = …	4 € 25 c = …
3 € = …	15 € = …	3 € 72 c = …
5 € = …	10 € = …	8 € 44 c = …

610 Recopie et complète le tableau suivant (en utilisant le moins de pièces possible).

	3 € 45 c	5 € 72 c	1 € 87 c	2 € 98 c	4 € 99 c	73 c
2 €						
1 €						
50 c						
20 c						
10 c						
5 c						
2 c						
1 c						

Les billets

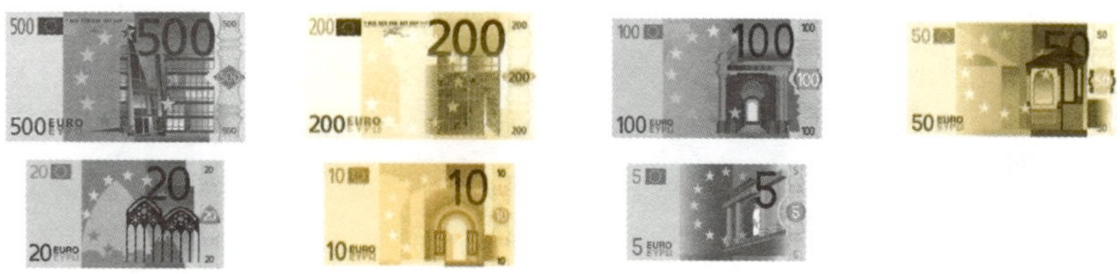

611 Dessine le moins de pièces possible pour représenter la valeur de la boîte de conserve.

6 € 89 c

612 Voici quatre articles que madame Cousin a achetés au supermarché. Quelle somme totale a-t-elle dépensée ?

613 Dessine le moins de billets et de pièces possible pour représenter la valeur de la boîte de jeux et du lecteur DVD.

39 € 85 c

459 € 90 c

614 Anaïs achète un livre à 5 € 45 c et un DVD à 26 € 45 c.
Combien doit-elle payer en tout pour ces deux achats ?

615 J'ai dépensé 14 € 75 c chez la fleuriste.
Indique deux manières de payer.

616 Écris le prix payé avec :

a) 2 billets de 5 €, 2 pièces de 2 €, 1 pièce de 50 c, 1 pièce de 10 c et 1 pièce de 2 c.

b) 1 billet de 50 €, 1 billet de 20 €, 1 billet de 5 €, 1 pièce de 20 c, 1 pièce de 5 c et 1 pièce de 1 c.

c) 2 billets de 200 €, 2 billets de 20 €, 1 billet de 10 €, 3 pièces de 1 €, 2 pièces de 20 c, 1 pièce de 2 c et 1 pièce de 1 c.

d) 1 billet de 500 €, 1 billet de 50 €, 2 billets de 20 €, 1 pièce de 2€, 1 pièce de 10 c et 2 pièces de 2 c.

e) 3 billets de 100 €, 1 billet de 10 €, 1 billet de 5 €, 2 pièces de 2€, 1 pièce de 1 €, 2 pièces de 20 c, 1 pièce de 5 c et 1 pièce de 2 c.

617 Maman doit 18 € 73 c chez le boucher ; elle paie avec le minimum* de pièces et de billets ; dessine-les.

618 Lou achète un baladeur-CD dans un magasin. Elle donne 1 billet de 100 €, 1 billet de 20 €, 2 pièces de 2 €, 2 pièces de 50 centimes.
« Tu m'as donné 10 centimes de trop ! » lui dit la caissière.
Quel est le prix du baladeur-CD ?

619 Maman a dans son porte-monnaie 2 billets de 20 €, 1 billet de 5 €, 2 pièces de 2 €, 1 pièce de 20 c, 2 pièces de 5 c, 2 pièces de 2 c, 1 pièce de 1 c. Elle veut acheter un livre valant 49 € 50 c.
A-t-elle assez d'argent ?
Quelle autre question peux-tu poser ?

620 Écris dans l'ordre croissant les sommes d'argent suivantes.
17 € 50 c – 23 € 85 c – 13 € – 10 € 95 c – 22 € 75 c – 10 € – 15 € 45 c – 19 € 10 c – 9 € 99 c – 16 € 20 c.

621 Anthony achète un jeu vidéo d'une valeur de 56 € 75 c.
Il donne 1 billet de 50 € et 1 billet de 20 €.
Combien doit-on lui rendre ?

622 Recopie et complète le tableau suivant en utilisant le moins de billets et de pièces possible.

	500€	200€	100€	50 €	20 €	10 €	5 €	2 €	1 €	50 c	20 c	10 c	5 c	2 c	1 c
397 € 55															
225 €															
348 € 96															
299 € 69															
121 € 60															
244 € 83															
1 129 € 54															

623 Pour payer 10 €, indique :
a) le nombre de pièces de 2 € ; *b)* le nombre de pièces de 5 € ;
c) le nombre de pièces de 50 centimes d'euro.

624 Pour payer 20 €, indique :
a) le nombre de billets de 10 € ; *b)* le nombre de billets de 5 € ;
c) le nombre de pièces de 2 €.

625 À la pharmacie, une cliente achète pour 27 € de médicaments ; la cliente suivante en achète pour 14 € de plus que la première.
Quelle somme doit payer la seconde cliente ?
La seconde cliente donne un billet de 50 € au pharmacien.
Combien doit-il lui rendre ?

626 Recopie et complète le tableau.

somme donnée	prix	monnaie rendue
100 €	79 €	…
10 €	7 € 90 c	…
170 €	166 € 55 c	…
200 €	191 € 20 c	…
500 €	395 €	…

627 Valentine achète 3 albums de bandes dessinées à 11 € l'un.
Combien dépense-t-elle ?
Elle donne 1 billet de 50 €.
Combien la caissière doit-elle lui rendre ?

628 En échange d'un billet de 500 €, combien de billets de 100 € doit-on te donner ?
Même question avec des billets de 50 €.

629 Recopie et complète le tableau.

somme donnée	prix	monnaie rendue
…	150 €	50 €
…	235 €	15 €
…	199 €	1 €
…	349 € 50 c	150 € 50 c
…	127 € 75 c	72 € 25 c

630 Lors de la fête des écoles, on a vendu :
– 250 parts de gâteaux à 1 € 20 c l'une,
– 195 bouteilles de jus de fruits à 2 € l'une.
a) Quelle somme a rapporté la vente des parts de gâteaux ?
b) Quelle somme a rapporté la vente des bouteilles de jus de fruits ?
c) De quelle somme totale dispose-t-on à la fin de la fête ?
d) Essaie de constituer cette somme avec le moins de billets et de pièces possible.

631 Pour tricoter un gilet, mamie a acheté 12 pelotes de laine à 4 € l'une, ainsi que 6 boutons à 1 € 50 c l'un.
Calcule la somme totale de ses achats.
Elle a donné 3 billets de 20 € à la mercière.
Quelle somme lui a-t-on rendue ?

je travaille seul(e)

corrigé pp. 189-190

632 Écris la somme, en euros et en centimes d'euro, que représente chaque ensemble de pièces.

a) 

b) 

c) 

d) 

e) 

633 Dans un supermarché, Élodie achète 2 classeurs valant 5 € chacun, 3 cahiers valant chacun 3 € 50 c et 3 stylos coûtant 2 € 20 c. À la caisse, elle paie en donnant les billets et les pièces ci-dessous :

Combien la caissière doit-elle lui rendre ?

Les longueurs : comparaison, classement, mesure

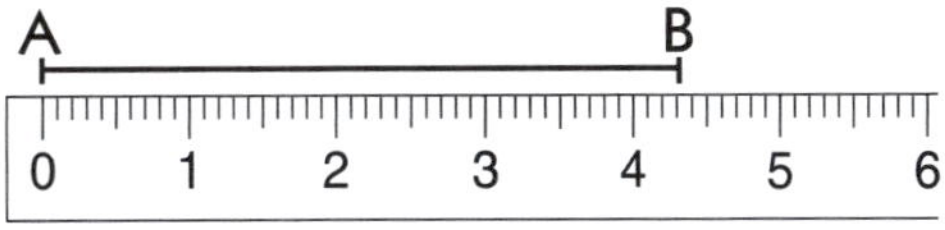

Le segment AB mesure 4 cm et 3 mm.

m	**dm**	**cm**	**mm**
km	**hm**	**dam**	m

1 km = 1 000 m

634 Range les bandelettes de la plus grande à la plus petite.

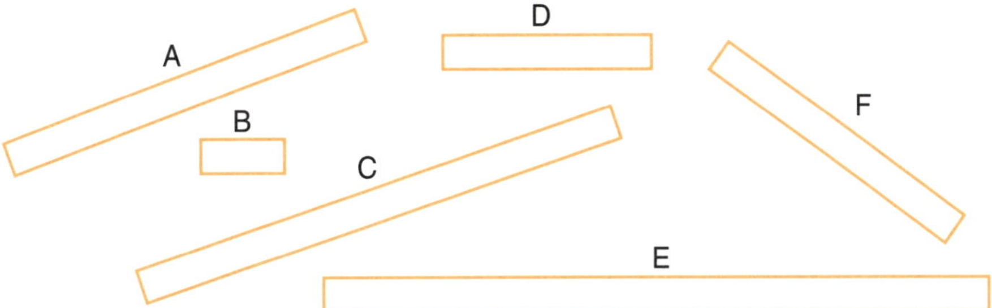

635 Classe les segments du plus court au plus long.

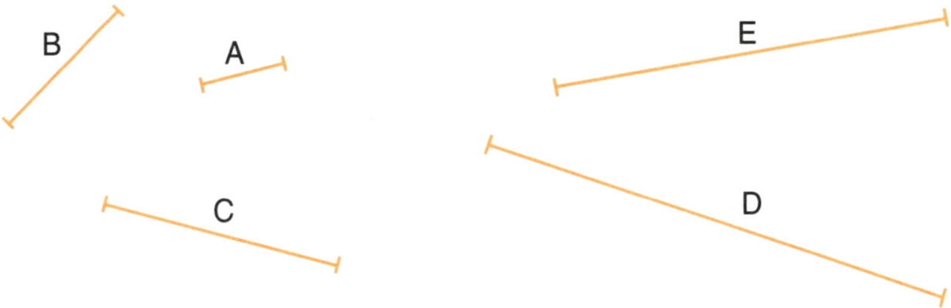

636 Quels sont les segments qui ont la même longueur ?

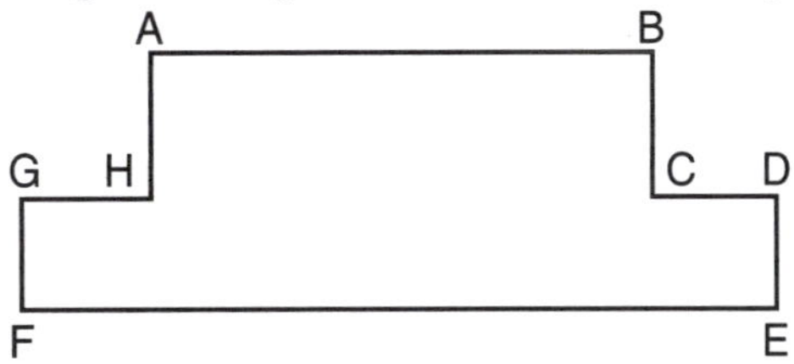

637 Classe les segments du plus court au plus long.

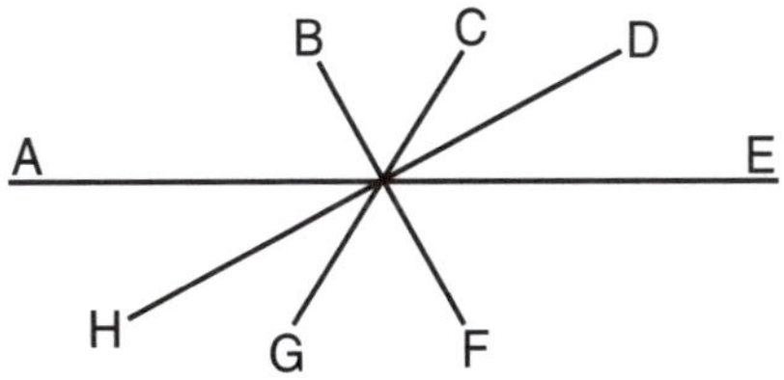

638 Trace des segments ayant les longueurs suivantes:
AB = 2 cm – CD = 3 cm – EF = 1 cm – GH = 8 cm – IJ = 11 cm.

639 Mesure la longueur totale de cette ligne brisée.

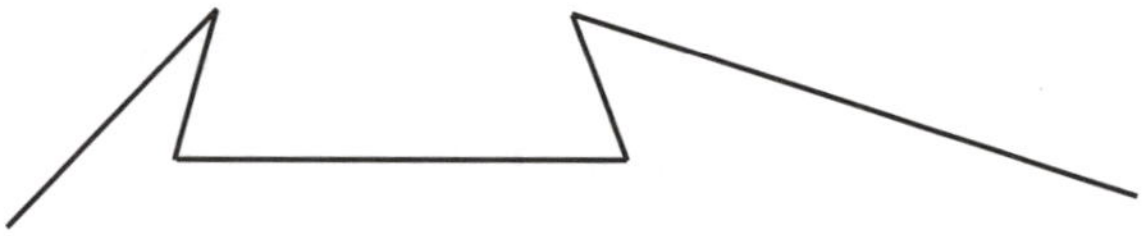

640 Mesure chaque segment (en cm).

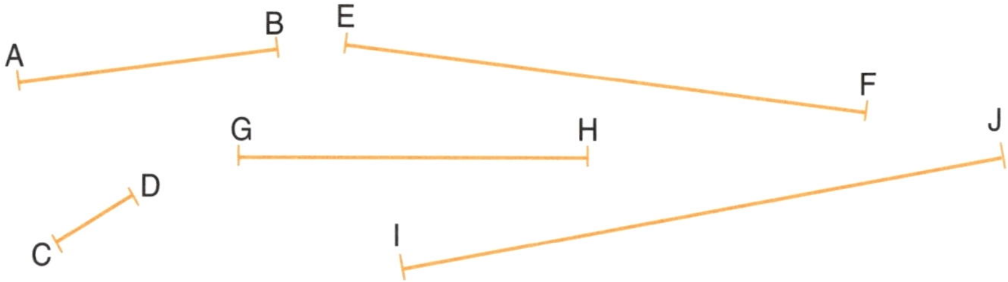

641 Calcule la longueur totale de la ligne noire, puis mesure la ligne orange.
Que remarques-tu?

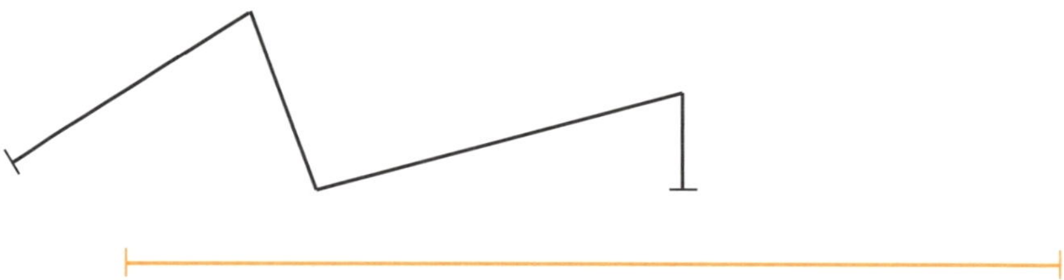

642 D'après toi, quelles sont les longueurs de ces objets?
Recopie le tableau et mets une croix dans les bonnes cases.

	gomme	crayon	livre	timbre
25 cm				
6 cm				
15 cm				
2 cm				

643 Voici des segments. Mesure-les à l'aide d'une règle graduée, puis encadre-les dans le tableau suivant (en cm).

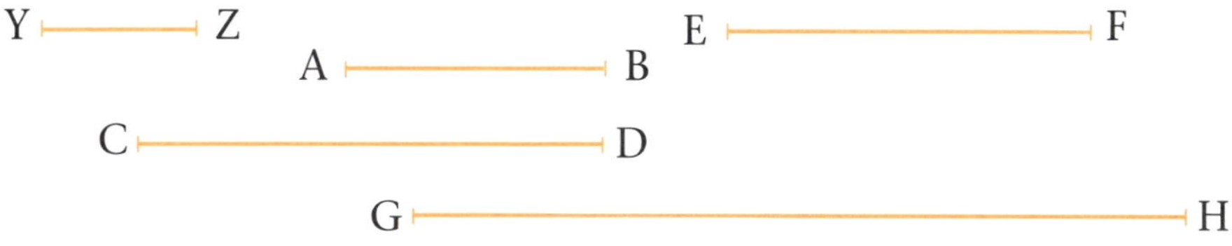

1	< YZ <	2
...	< AB <	...
...	< CD <	...
...	< EF <	...
...	< GH <	...

644 Dessine bout à bout des segments de 5 cm, 3 cm, 6 cm.
Calcule la longueur totale obtenue.

645 Un escargot parcourt une distance de 27 cm ; il fait une pause, puis repart pour se réfugier sous une feuille de salade. En tout, il a parcouru 55 cm.
Quelle distance a-t-il parcourue après la pause ?

646 Une fourmi parcourt six fois les 42 cm qui séparent la fourmilière d'une pomme abîmée.
Que peux-tu calculer ?

647 Un cahier a une marge de 4 cm ; il reste 14 cm pour écrire.
Calcule la largeur de la page.

648 Mesure les segments en centimètres et millimètres.

649 Trace des segments ayant les longueurs suivantes :
AB = 2 cm 5 mm – CD = 1 cm 3 mm – EF = 2 cm 8 mm –
GH = 3 cm 1 mm – IJ = 4 cm 4 mm.

650 Quelle unité utiliser ? Recopie et complète les phrases.
Un cahier mesure 22 … .
Un taille-crayon mesure 25 … .
Le bureau du maître mesure 130 … .
L'agrafeuse mesure 8 … .
Une craie mesure 80 … .

651 Calcule la longueur totale des segments suivants.

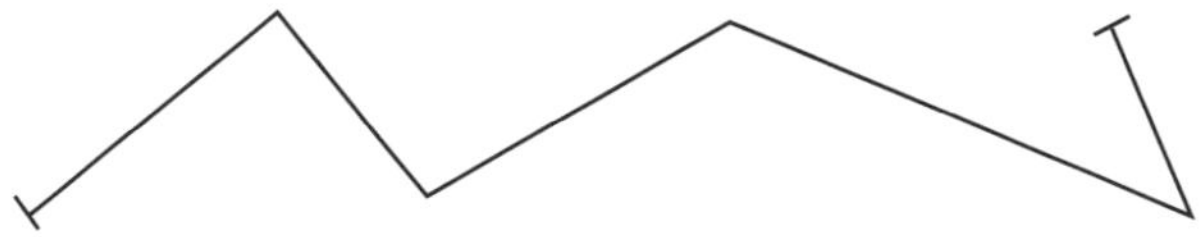

Trace un seul segment correspondant à cette longueur.

652 Recopie et complète le tableau.

mesure (en mm)	encadrement (en cm)
28	entre 3 cm et 4 cm
82	entre … et …
75	
23	
49	
133	

653 Recopie et complète le tableau.

mesure (en mm)	mesure (en cm et mm)
27	2 cm 7 mm
34	
52	
71	
98	
103	

654 La lame d'un couteau mesure 6 cm, le manche mesure 1 dm.
Trouve la longueur totale du couteau en centimètres.

655 Recopie et fais les conversions.

4 cm = … mm	40 mm = … cm
7 cm = … mm	32 mm = … cm … mm
12 cm = … mm	50 mm = … cm
35 cm = … mm	72 mm = … cm … mm
27 cm = … mm	36 mm = … cm … mm

656 La machine à laver que maman veut acheter a les dimensions suivantes :
555 mm de largeur, 620 mm de profondeur.
Dans la salle de bains, la place réservée à la machine à laver a les dimensions suivantes :
largeur : 58 cm 5 mm, profondeur : 64 cm.
La machine rentrera-t-elle à cet endroit ?

657 Écris les longueurs dans l'ordre croissant.
9 dm – 82 cm – 1 m – 13 dm – 77 cm – 11 dm – 3 m – 72 cm – 1 550 mm – 25 cm – 15 m.

658 Écris les longueurs qui dépassent 1 m.
14 dm – 1 230 mm – 135 cm – 9 dm – 90 cm – 200 cm – 230 mm – 23 dm – 105 cm – 80 mm.

659 Quels sont les objets dont la longueur est inférieure à 1 m ?

la hauteur de la porte	la hauteur d'une armoire
la hauteur du bureau	la hauteur de l'estrade
la hauteur d'une table d'élève	la hauteur totale d'une chaise

660 Recopie et convertis les longueurs dans les unités demandées.

3 m = … cm	300 cm = … m
7 m = … cm	815 cm = … m … cm
2 dm = … cm	25 dm = … mm
9 dm = … cm	302 cm = … m … cm
120 mm = … cm	718 cm = … m … cm
4 m = … dm	130 cm = … dm

661 Dans une baguette de bois longue de 4 m, papa coupe un morceau de 75 cm, puis un autre de 45 cm.
Quelle est la longueur de baguette utilisée ?
Quelle est la longueur de baguette restante ?

662 Émeric mesure 1 m 55 cm. Sa sœur Axelle mesure 2 dm 3 cm de moins que lui.
Quelle est la taille d'Axelle ?

663 Lors d'une rencontre sportive, un athlète saute 2 m 7 cm. Un autre concurrent améliore cette performance de 1 dm 3 cm.
Quelle hauteur a sauté ce concurrent ?

664 Dans un placard, papa veut faire une étagère de 56 cm de longueur.
Il dispose d'une planche de 6 dm de long.
Que peux-tu calculer ?

665 Un dictionnaire a une épaisseur de 65 mm.
Calcule (en cm) l'épaisseur de trois dictionnaires identiques posés l'un sur l'autre.

666 Un pied (ancienne mesure) équivaut à 32 cm environ.
Tom dit à son père : « Je mesure 5 pieds. »
Quelle est la taille de Tom en cm, en m et cm ?

667 Quelle unité emploies-tu pour évaluer :
a) la hauteur de la tour Eiffel ?
b) la mesure du grand côté d'un carnet ?
c) l'altitude à laquelle se trouve un satellite ?
d) la longueur de la façade d'une maison ?
e) l'épaisseur d'une pièce de monnaie ?
f) la distance entre Lyon et Marseille ?

668 Classe les longueurs dans l'ordre croissant.
1 500 m – 1 km – 34 dam – 280 m – 2 430 m.

669 Classe les longueurs dans l'ordre croissant.
3 km – 4 hm – 20 hm – 500 m – 800 m.

670 Recopie et convertis les longueurs dans les unités demandées.
4 km = ... m = ... hm = ... dam
7 000 m = ... km = ... hm = ... dam
40 hm = ... km = ... dam = ... m
4 905 m = ... km ... m
84 hm et 7 m = ... km ... m

671 Recopie et complète avec les unités de longueur.

6 305 m = 6 … 3 … 5 …
2 024 m = 2 … 2 … 4 …
7 000 m = 7 …
3 722 m = 3 … 722 …
4 500 m = 45 …
4 344 m = 4 … 3 … 4 … 4 …

672 Convertis en mètres, puis effectue les opérations.

6 km + 12 dam + 9 m = … m
9 km + 32 dam + 29 m = … m
5 km + 32 hm = … m
248 m + 3 km = … m
5 km 8 m – 18 dam = … m

673 Hugo doit parcourir 4 km pour se rendre chez sa tante. Il a déjà fait 2 800 m.
Quelle distance (en m) lui reste-t-il à parcourir ?

674 Le facteur parcourt 15 km par jour. Quelle distance cela représente-t-il pour une semaine de travail de 5 jours ? pour un mois de travail de 22 jours ?

675 Au cours d'une réunion d'athlétisme, l'un des coureurs du 400 m haies chute après avoir parcouru 30 dam et 5 m.
Quelle distance lui restait-il à parcourir au moment de sa chute ?

676 Pour clore un champ ayant un périmètre de 725 m, un agriculteur achète 16 rouleaux de grillage de 5 dam chacun.
De quelle longueur de grillage dispose-t-il ?
Quelle longueur de grillage lui restera-t-il quand il aura clôturé son terrain ?

677 On pose une canalisation* d'eau sur 5 km.
Quelle longueur de tuyau reste-t-il à poser si on en a déjà installé 14 hm 50 m?

678 Sur une étagère, Jules pose côte à côte 17 livres de 35 mm d'épaisseur chacun.
Quelle longueur cela représente-t-il?

679 Pour étendre le linge, maman dispose d'un séchoir comptant quatre fils ayant les dimensions suivantes:
1er fil: 95 cm – 2e fil: 700 mm – 3e fil: 1 m 35 cm – 4e fil: 1 m 5 dm.
Quelle est la longueur totale de fil?

680 Une piste de ski mesure 4 km. Un premier skieur s'élance, mais chute au bout de 15 hm. Un second skieur parcourt une distance double de celle du premier, puis chute à son tour.
a) Quelle distance (en km) a parcouru le premier skieur?
b) Quelle distance (en km) a parcouru le second skieur?
c) Calcule, pour chacun des deux concurrents, la distance qui leur restait à parcourir pour terminer le parcours.

corrigé p. 190

je travaille seul(e)

681 Recopie et convertis les longueurs dans les unités demandées.

4 cm 3 mm = ... mm	5 000 m = ... km
170 mm = ... cm	8 dm = ... mm
500 cm = ... m	12 m = ... cm
205 cm = ... m ... cm	53 cm = ... mm
62 dm = ... cm	8 km 2 m = ... m

682 Recopie et complète avec les unités de longueur.

84 dm = 8 ... 4 ...	630 cm = 6 ... 3 ...
880 mm = 88 ...	7 005 m = 7 ... 5 ...
3 026 m = 3 ... 2 ... 6 ...	1 030 cm = 10 ... 3 ...
79 cm = 7 ... 9 ...	805 cm = 8 ... 5 ...
1 320 m = 1 ... 3 ... 2 ...	708 m = 7 ... 8 ...

Les masses : comparaison, classement, mesure

g	dg	cg	mg
kg	hg	dag	g

1 kg = 1 000 g

683 Range les trois objets du plus lourd au plus léger.

684 Range les trois objets du plus léger au plus lourd.

685 Observe ces trois balances et classe les jouets du plus léger au plus lourd.

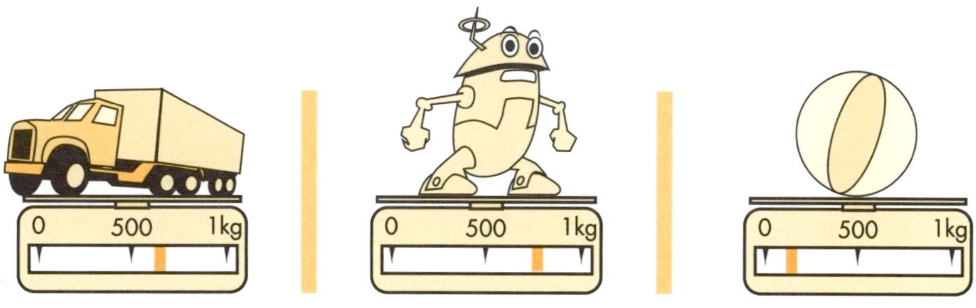

686 Indique la masse, en grammes, de chaque objet.

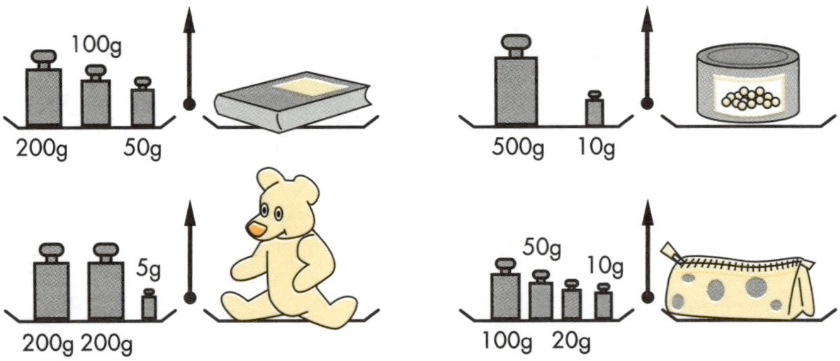

687 Observe ces deux pesées et exprime par un encadrement la masse du ballon.

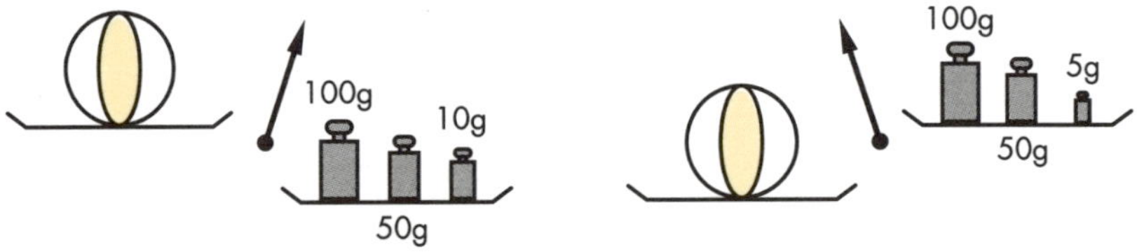

688 Marine a utilisé une boîte de masses marquées pour peser plusieurs objets. À l'aide du tableau ci-dessous, calcule la masse de chaque objet.

	500 g	200 g	100 g	100 g	50 g	20 g	10 g	10 g	5 g	2 g	2 g	1 g	masse
objet n° 1	x	x	x		x		x			x			
objet n° 2		x	x			x			x			x	
objet n° 3	x		x	x		x	x	x		x	x		

689 On a placé sur le plateau d'une balance des objets pesant respectivement* 800 g, 765 g, 134 g, 281 g, 493 g.
Équilibre l'autre plateau en utilisant le moins possible de masses marquées.

	500 g	200 g	100 g	100 g	50 g	20 g	10 g	10 g	5 g	2 g	2 g	1 g
800 g												
765 g												
134 g												
281 g												
493 g												

690 Observe ces deux pesées ; on a équilibré le pichet avec une masse de sable ; puis on a pesé cette même masse de sable.
Indique la masse du pichet.

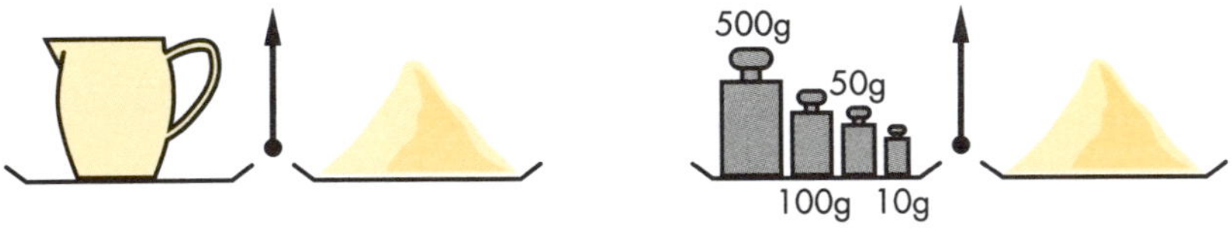

691 Quelle est la masse du lait contenu dans la bouteille ?

692 Recopie et complète les égalités.

3 kg = … g	4 800 g = 4 … 800 …
2 kg 100 g = … g	3 020 g = … kg 20 …
1 kg 30 g = … g	5 600 g = 5 … … g
5 kg 7 g = … g	2 005 g = 2 … … g
5 000 g = … kg	15 000 g = … kg

693 Effectue les additions, puis convertis.

335 g + 160 g + 580 g = … g = … kg … g
200 g + 1 850 g + 50 g = … g = … kg … g
365 g + 12 g + 2 700 g = … g = … kg … g
290 g + 5 g + 705 g = … g = … kg … g
1 825 g + 3 265 g + 30 g = … g = … kg … g

694 La maman de Solène a acheté un paquet de riz de 500 g, une boîte de compote de pommes de 850 g et une boîte de sauce de 190 g. Quelle masse totale doit-elle porter ? (Exprime le résultat en g, puis en kg et g.)

695 Pour peser les confitures qu'elle a préparées, maman a utilisé les masses suivantes.

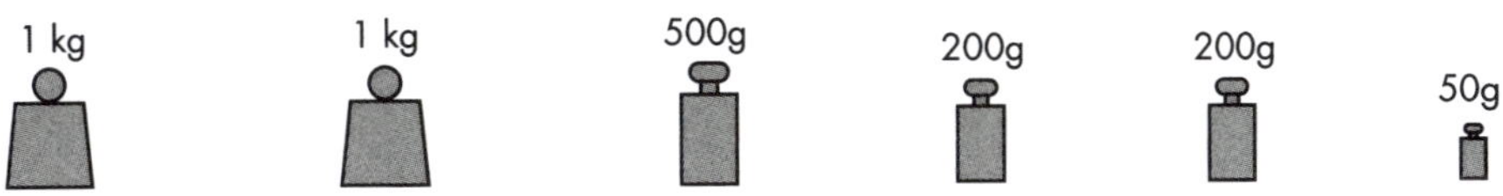

Quelle masse de confitures (en g) maman a-t-elle préparée ?

696 Observe ces deux pesées, puis calcule la masse de la petite boîte.

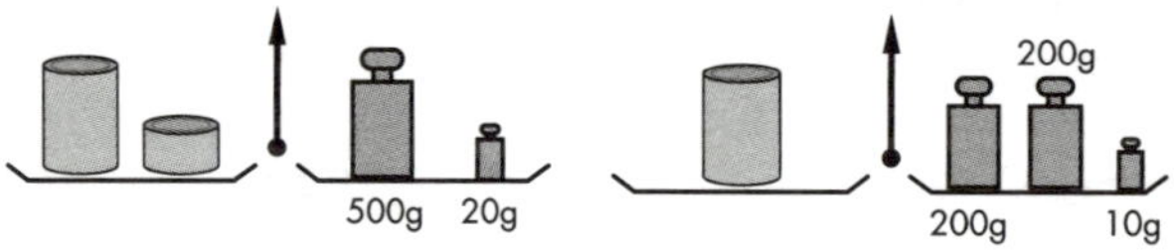

697 Observe ces trois pesées, puis calcule:
la masse de la brique; la masse d'un cube; la masse de la boule.

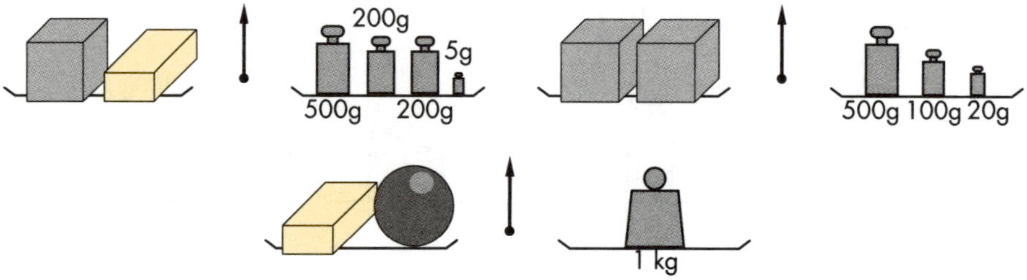

698 Dans un grand magasin, un employé vient de ranger sur les rayons 48 boîtes pesant chacune 750 g.
Quelle masse totale, en kg, a-t-il dû déplacer?

699 Ambre pèse 34 kg. Elle monte avec son petit frère, Alexis, sur le pèse-personne et celui-ci indique 55 kg.
Leur père prend ensuite Alexis sur ses épaules et monte à son tour sur la balance; elle indique alors 89 kg.
Que peux-tu calculer? Effectue les calculs.

je travaille seul(e)

corrigé p. 190

700 Recopie et complète les égalités.

4 kg = … g	375 g + 2 300 g = … g = … kg … g
1 kg 2 hg = … g	720 g + 1 280 g = … g = … kg
2 kg 500 g = … g	2 605 g + 3 235 g = … g = … kg … g
5 kg 20 g = … g	6 kg – 275 g = … g

701 Dans le coffre d'une voiture, on a entassé 5 cartons identiques contenant chacun 6 boîtes de peinture. Chacune de ces boîtes pèse 800 g.
Calcule, en kg, la masse totale des boîtes placées dans le coffre de cette voiture.

V Activités géométriques

Repérages : cases, nœuds

Repérage d'une case

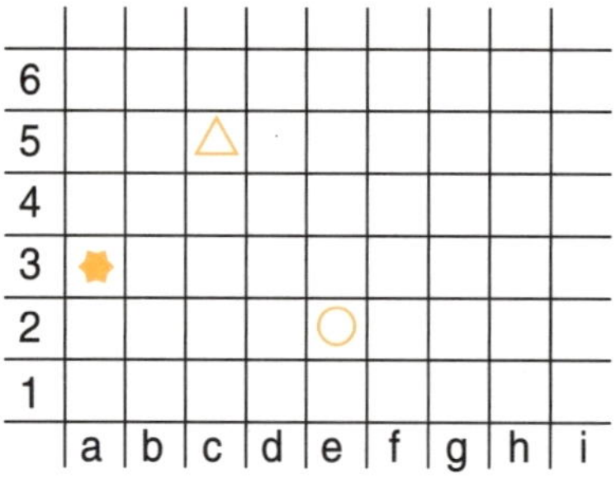

L'étoile est dans la case a3.
Le triangle est dans la case c5.
Le cercle est dans la case e2.

Repérage d'un nœud

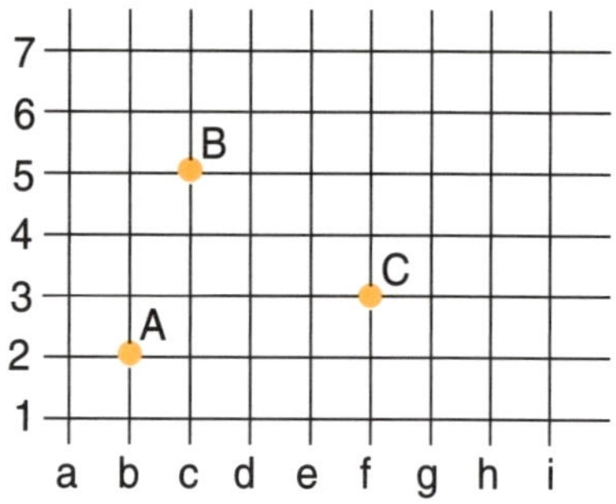

A : b2
B : c5
C : f3

702 Donne le code de chacune des cases coloriées en orange : a1,...

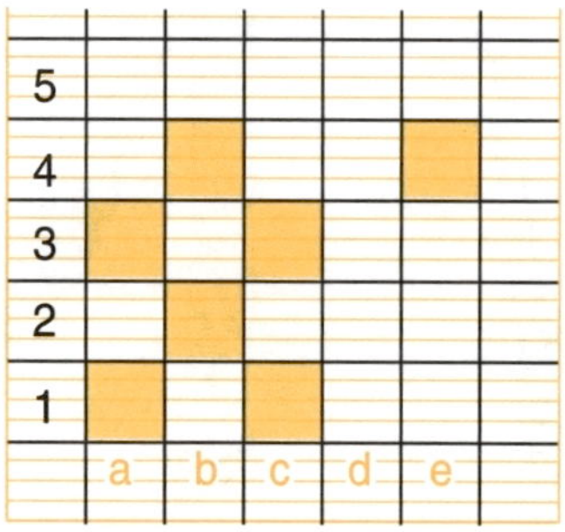

703 Reproduis ce quadrillage et colorie les cases : c5; b4; d4; a3; c3; e3; c2; c1. Tu obtiendras un dessin.

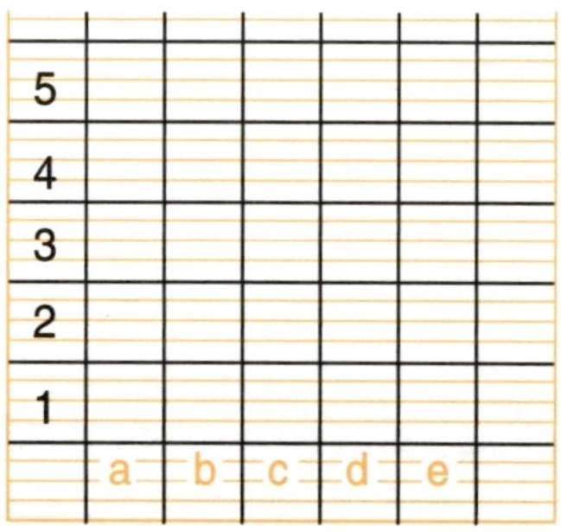

704 Reproduis ce quadrillage et colorie les cases : b1 ; c1 ; d1 ; b2 ; b3 ; c3 ; b4 ; b5 ; c5 ; d5.
Tu obtiendras une lettre de l'alphabet.

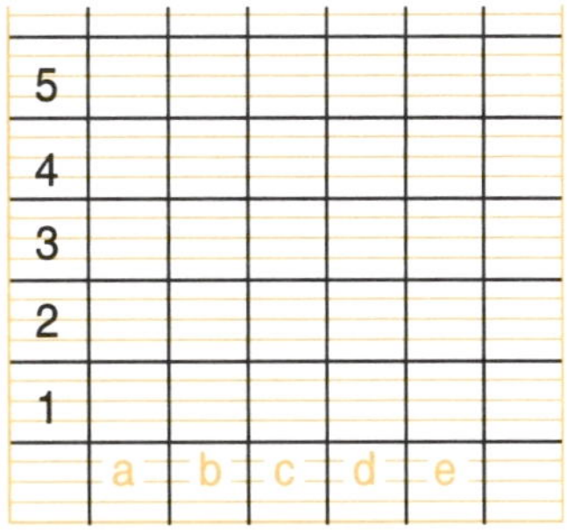

705 À chaque code indiqué correspond une lettre :
a4 ; c3 ; a1 ; d1 ; e2 ; g3 ; e4 ; g1 ; h4 ; a3 ; f4 ; e2 ; c4.
Retrouve ainsi le nom d'un personnage célèbre.

	a	b	c	d	e	f	g	h
4	V		X	A	G	R	Z	T
3	O	F	E		M	Y	N	
2	B	T	H	W	I	P		Q
1	R		L	C		U	E	U

repérage d'une case

706 Reproduis ce quadrillage et code le chemin emprunté par le Petit Chaperon Rouge pour aller voir sa grand-mère.

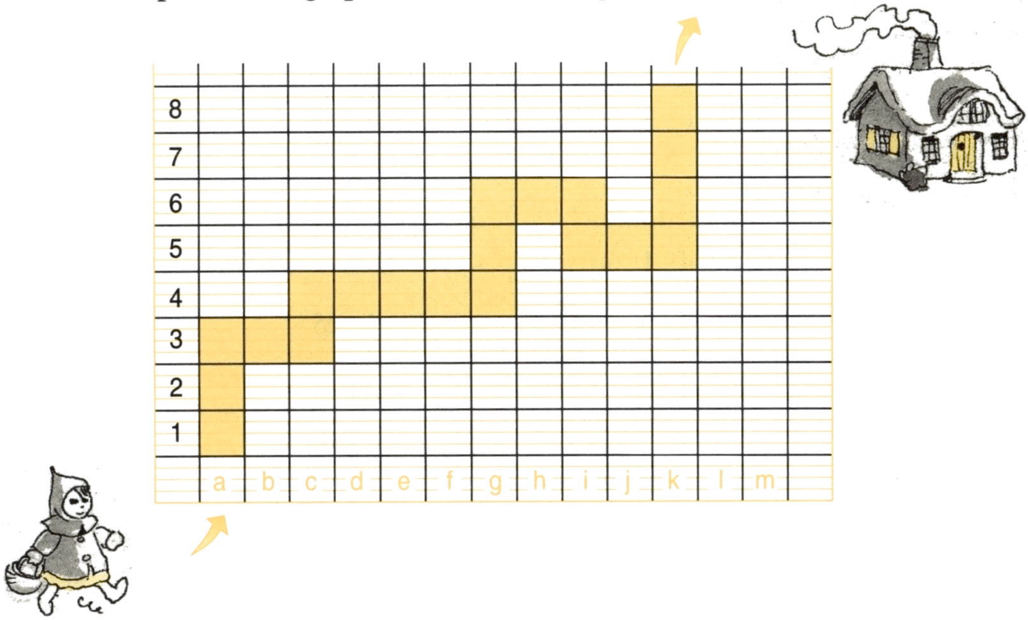

707 Trouve les codes qui servent à dessiner la lettre P, puis reproduis le quadrillage ci-dessous et colorie la lettre dans ce quadrillage.

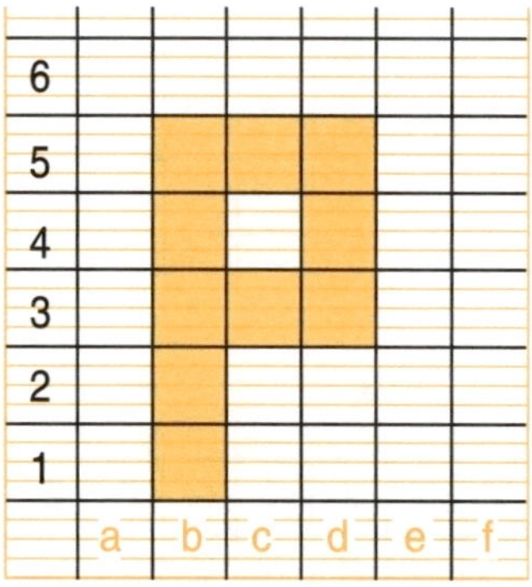

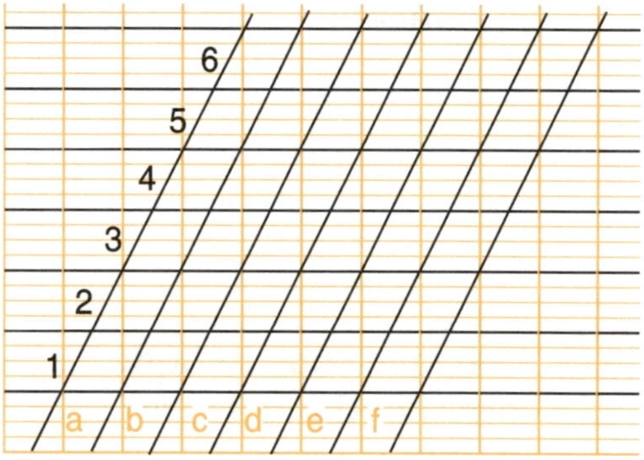

repérage d'un nœud

708 Reproduis ce quadrillage. Trouve les codes des points orange, puis relie-les dans l'ordre pour obtenir une lettre de l'alphabet.

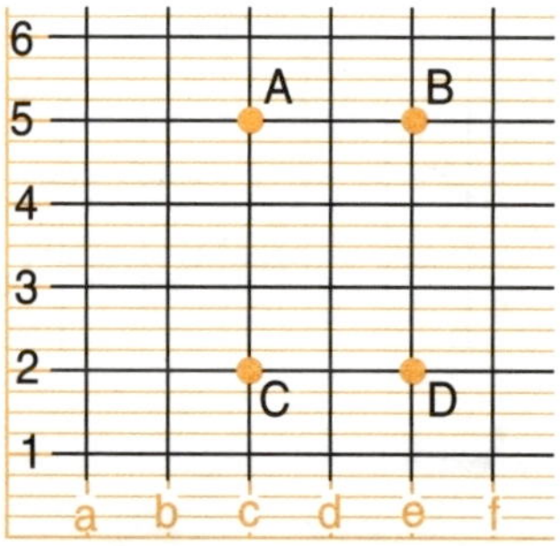

A: c5
B: …
C: …
D: …

709 Reproduis ce quadrillage et place les points suivants :
A : a3 ; B : d6 ; C : f4 ; D : c1.
Relie-les dans l'ordre pour obtenir une figure géométrique.
Laquelle obtiens-tu ?

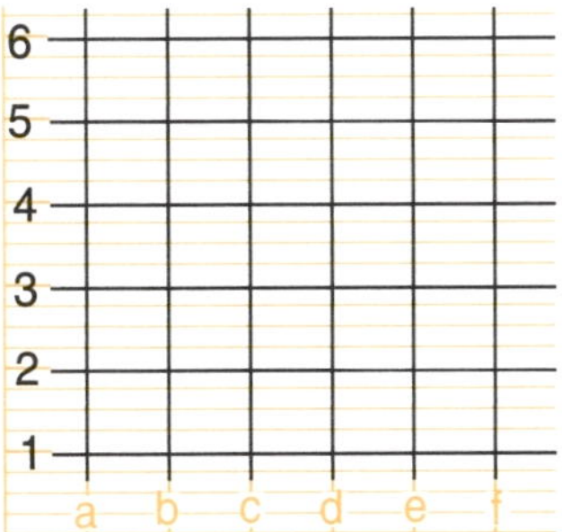

710 Reproduis ce quadrillage et place les points suivants :
A : b7 ; B : h7 ; C : h4 ; D : b4 ; E : e6.
Relie ensuite A à B, B à C, C à D, D à A, B à E, A à E.
Qu'obtiens-tu ?

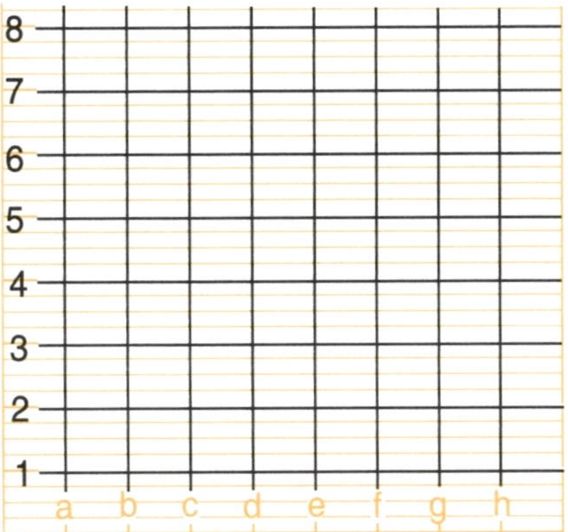

711 Code le chemin que doit prendre le pirate pour trouver le trésor.

712 Reproduis ces quadrillages, puis le dessin sur chacun d'eux.

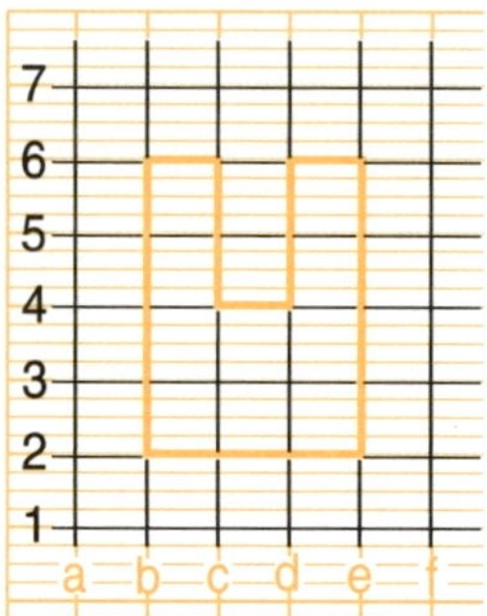

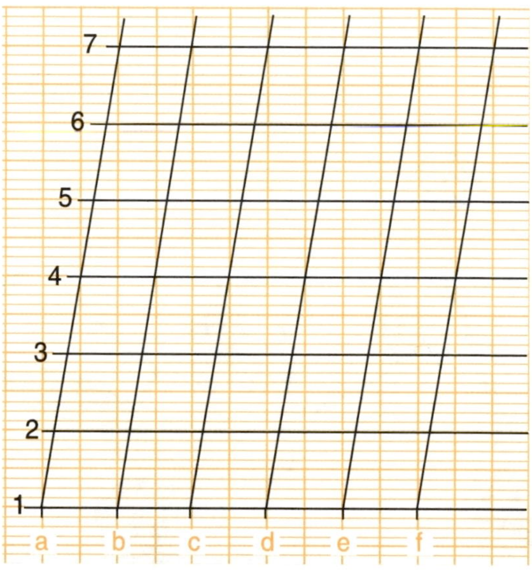

je travaille seul(e)

corrigé p. 190

713 À chaque code indiqué ci-dessous correspond une lettre :
I4 ; C3 ; D5 ; E4 ; H2 ; F4 ; G2 ; B4.
Retrouve ainsi le nom d'un personnage célèbre.

5	F		G	P	B	J		Q	
4	I	N			O	E		K	N
3			A	H		H			
2	O	I		Z	L		O	L	
1	R		J		X	M			P
	A	B	C	D	E	F	G	H	I

714 Code le chemin que doit prendre Pierre pour se rendre à l'école.

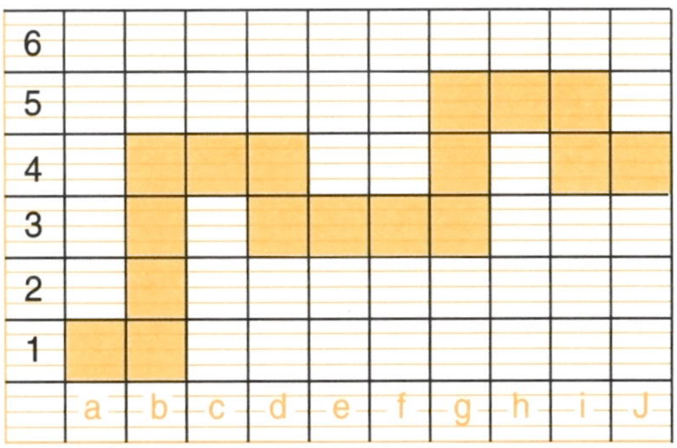

Utilisation de ces repérages : déplacements, translations

Les signes ↓ ↑ → ← indiquent que l'on change d'une case dans une certaine direction.

715 En utilisant ces signes, code le chemin de M à N.
Même exercice pour le chemin de Y à Z.

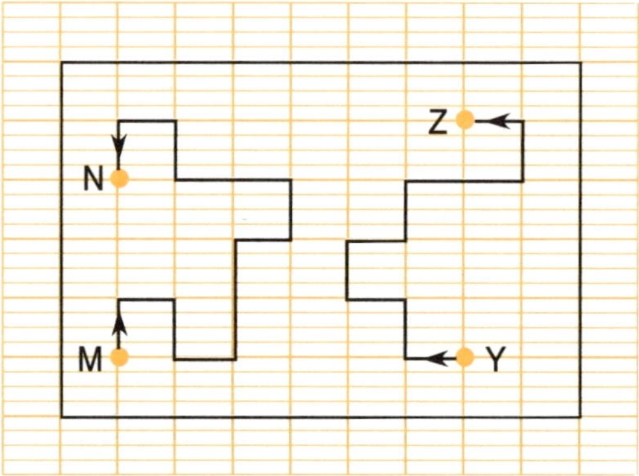

716 Reproduis le quadrillage. Place une étoile en b2.
Observe les signes suivants et dessine l'étoile dans la case occupée après le déplacement.

b2 ↑ → → ↑ ← ↑ → → → ↓ → → ↑ ?

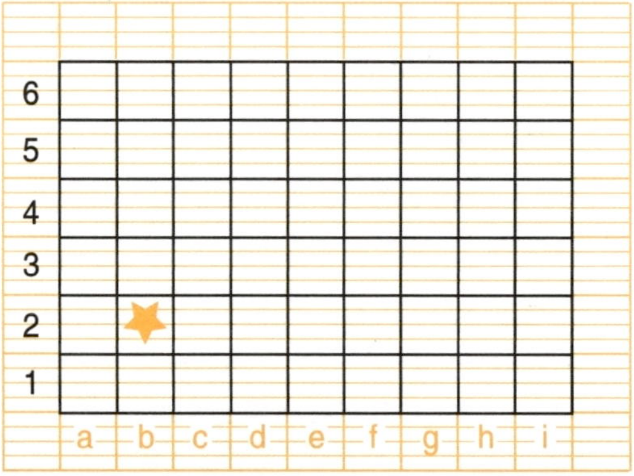

717 Reproduis le quadrillage. Place l'étoile en c6 et suis le chemin codé.

c6 → → ↓ → ↓ ↓ ← ↓ ← ← ↑ ← ← ↓ → ↑ ↑ → ↑ ← ?

Dessine l'étoile dans la case occupée après le déplacement.

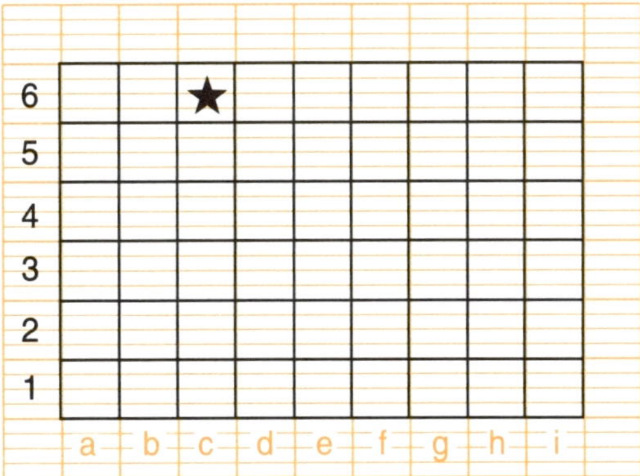

718 Reproduis le quadrillage. Place T en c2 et suis le chemin codé.

c2 → ↓ → → ↑ ← ↑ → ↑ → ↓ ?

Trouve la position de T après le déplacement.

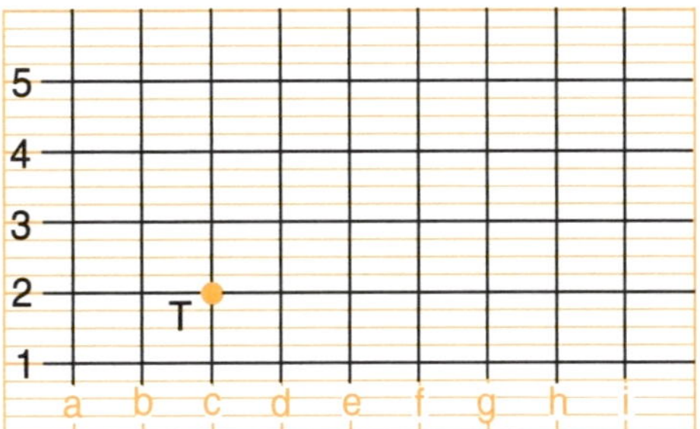

719 Reproduis le quadrillage. Place X en c3, puis suis le chemin codé.
↑ ← ↓ → ↓ → ↑ ← Que remarques-tu ?

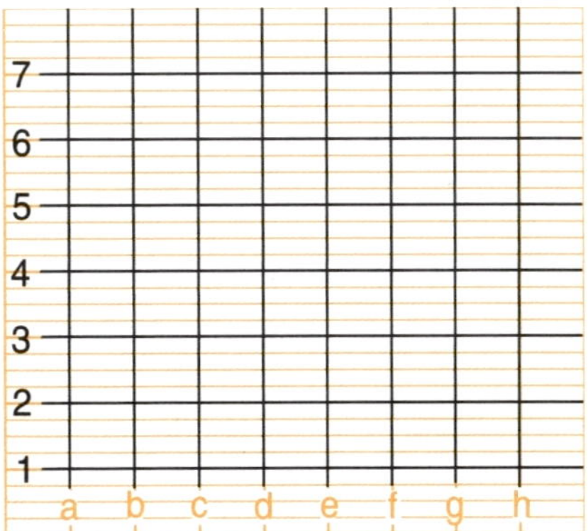

720 Observe le déplacement des couleurs dans les carrés ci-dessous, puis complète les trois derniers carrés.

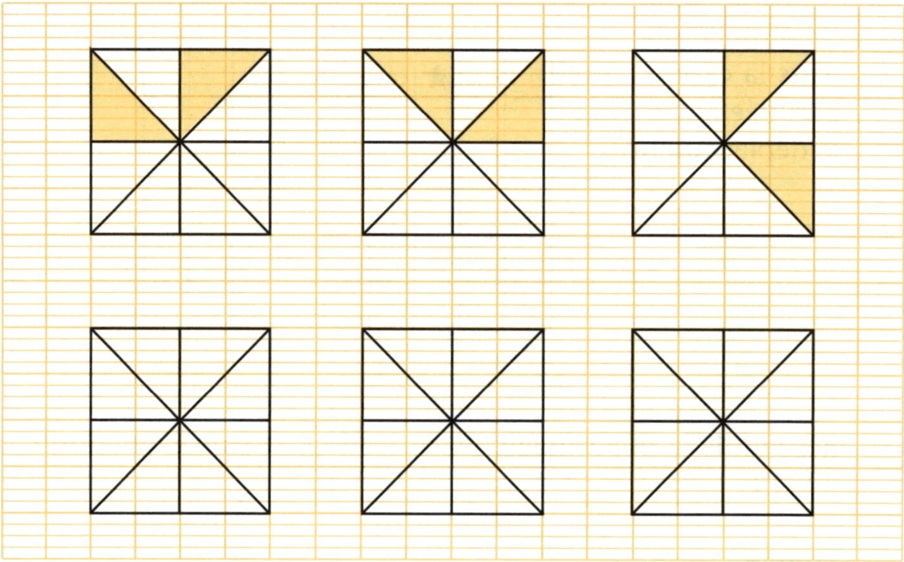

721 On a dessiné une fusée à partir du point A.
Reproduis le quadrillage et dessine la même fusée à partir du point B.

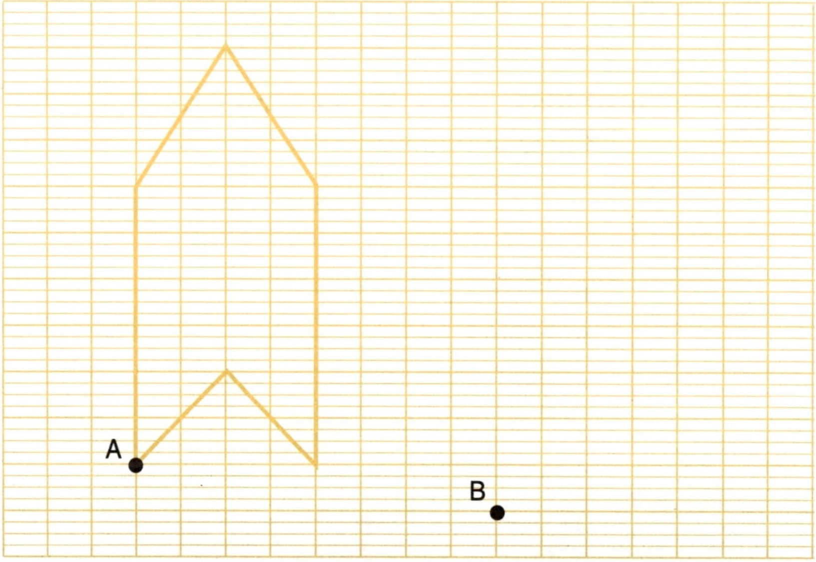

je travaille seul(e)

corrigé p. 190

722 Les signes ↓ ↑ → ← indiquent que l'on change d'une case dans une certaine direction.
En observant les signes suivants, dessine le triangle dans la case occupée après le déplacement.

a3 ↑ → ↓ ↓ → → ↑ → ↑ → ↓ → → ↑ ↑ ← ↑ ?

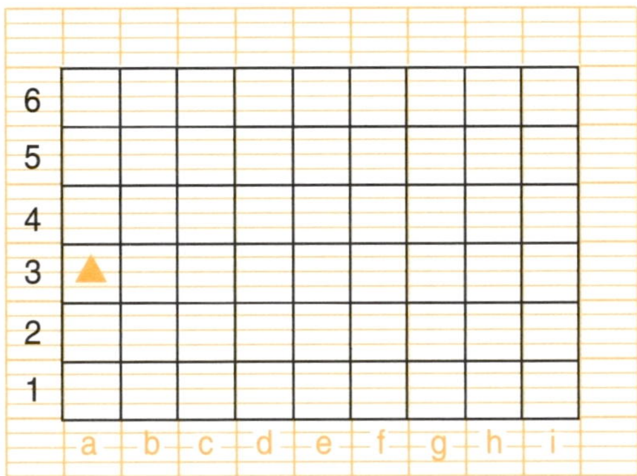

723 On a dessiné un cerf-volant à partir du point A.
Reproduis le quadrillage et dessine le même cerf-volant à partir du point B.

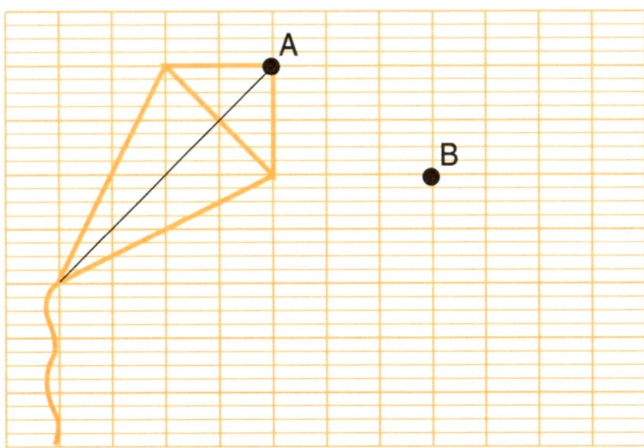

Symétrie

Les lignes orange indiquent les axes de symétrie.

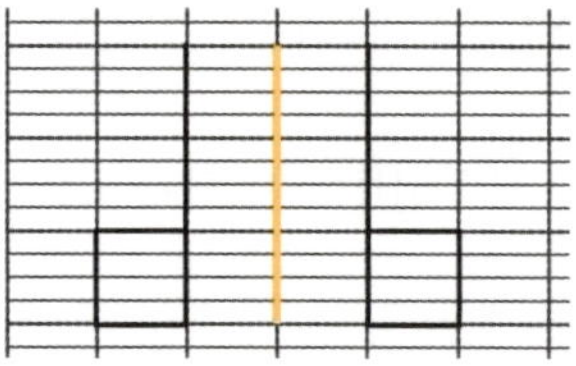

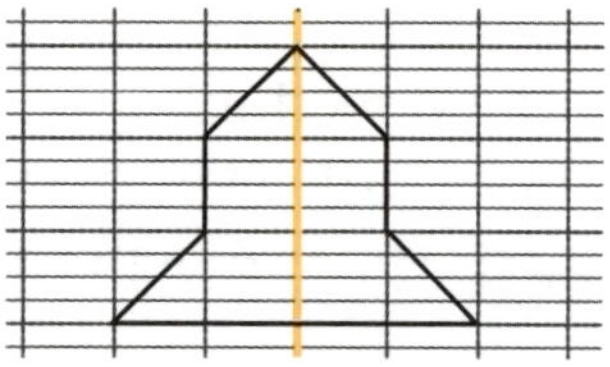

724 Reproduis ces lettres et trace leur(s) axe(s) de symétrie.

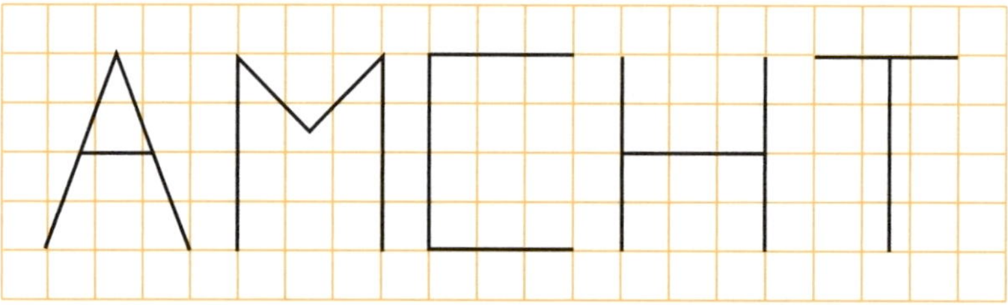

725 L'une de ces lettres n'a pas d'axe de symétrie. Laquelle ?

726 Reproduis cette figure et trace ses deux axes de symétrie.

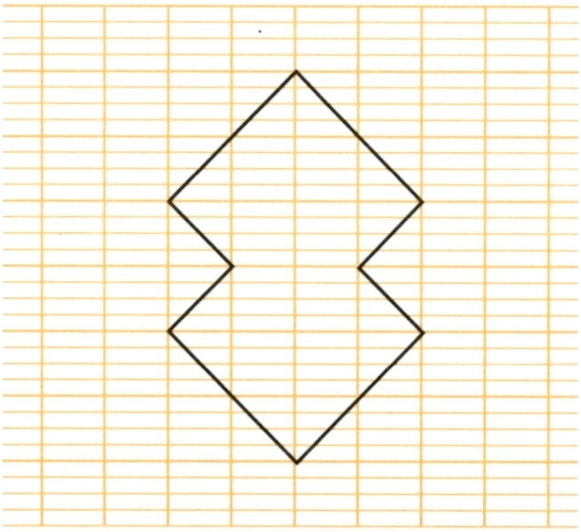

727 Dessine un carré et trace ses quatre axes de symétrie.

728 Reproduis cette figure et trace son symétrique par rapport à l'axe orange.

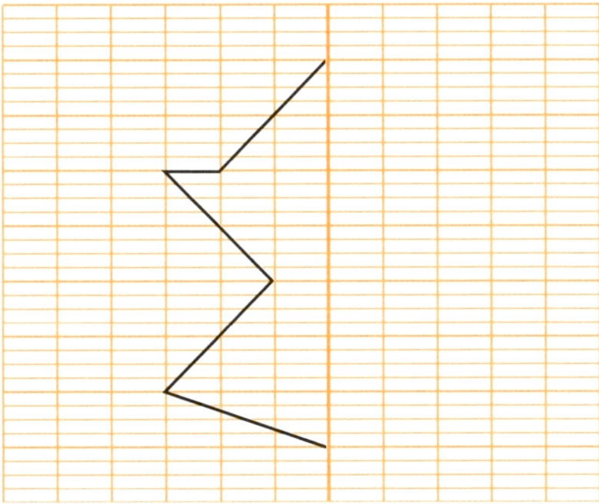

729 Reproduis cette figure et trace son symétrique par rapport à l'axe orange.

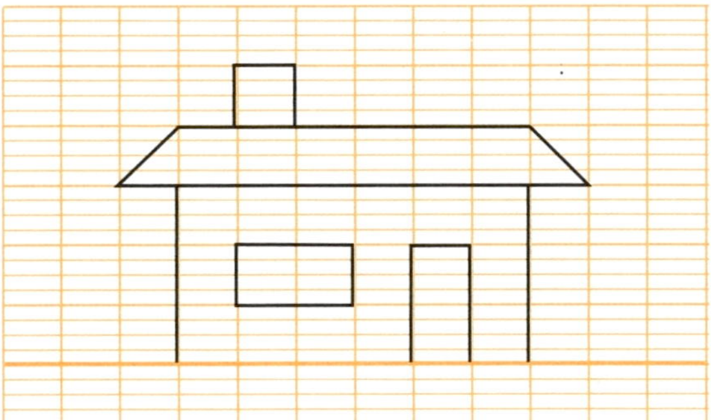

730 Reproduis cette figure et trace son symétrique par rapport à l'axe orange.

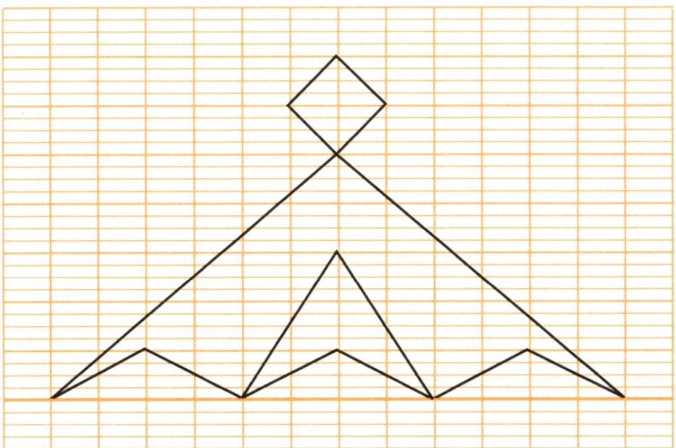

731 Reproduis cette figure et trace son symétrique par rapport à l'axe orange.

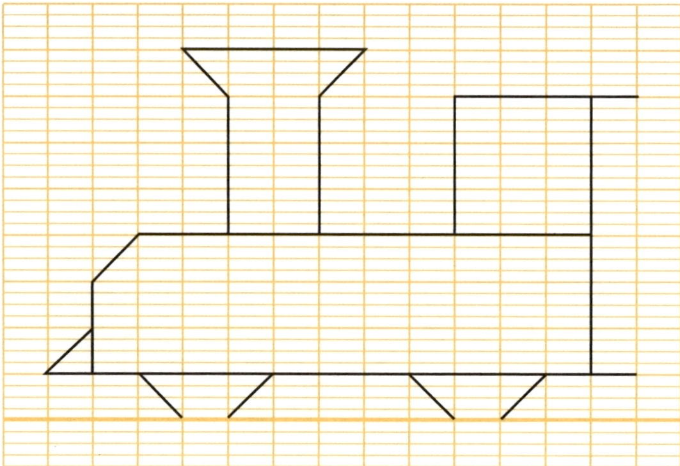

732 Reproduis cette figure et trace son symétrique par rapport à l'axe orange.

733 Reproduis cette figure et trace son symétrique par rapport à l'axe orange.

734 Reproduis cette figure et trace son symétrique par rapport à l'axe orange.

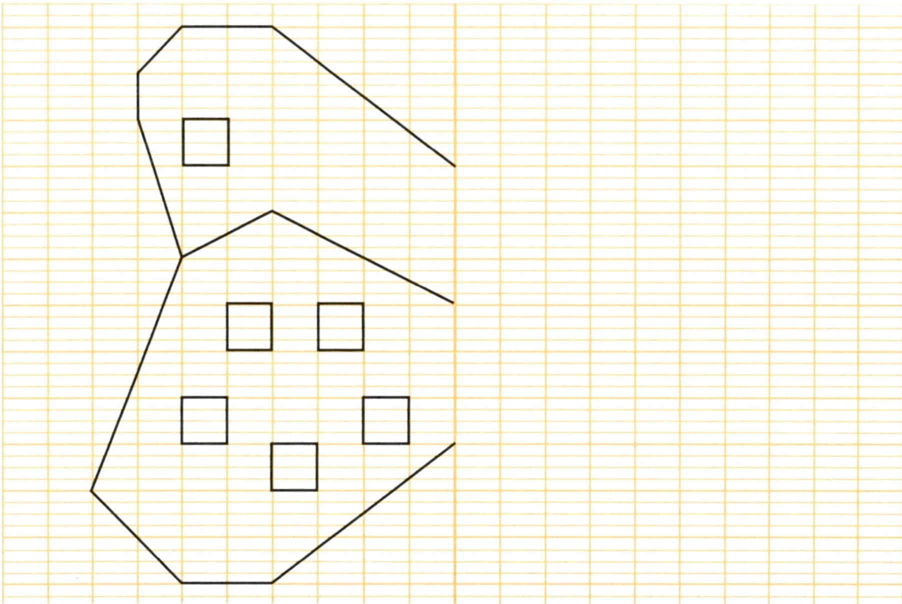

je travaille seul(e)

corrigé p. 190

735 Reproduis cette figure et trace ses axes de symétrie.

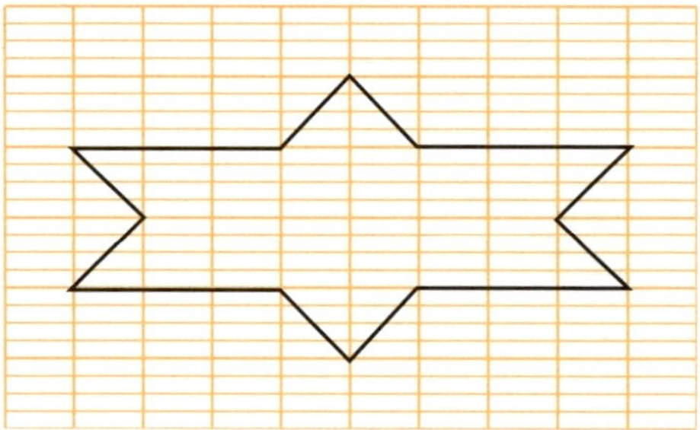

736 Reproduis le triangle et trace son symétrique par rapport à la droite *d*.

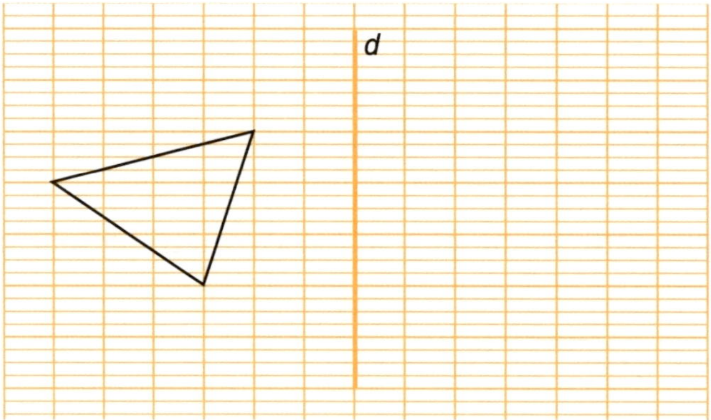

Les solides

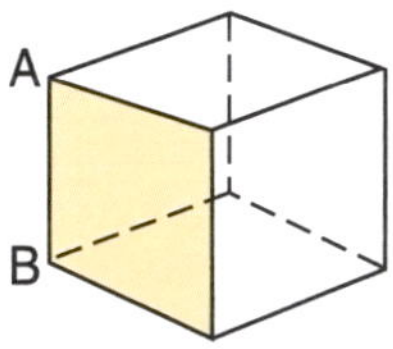

Ce solide est un cube.
La partie coloriée en orange est une face du cube.
A est un sommet du cube.
AB est une arête du cube.

737 Observe les solides ci-dessous, puis recopie et complète le tableau.

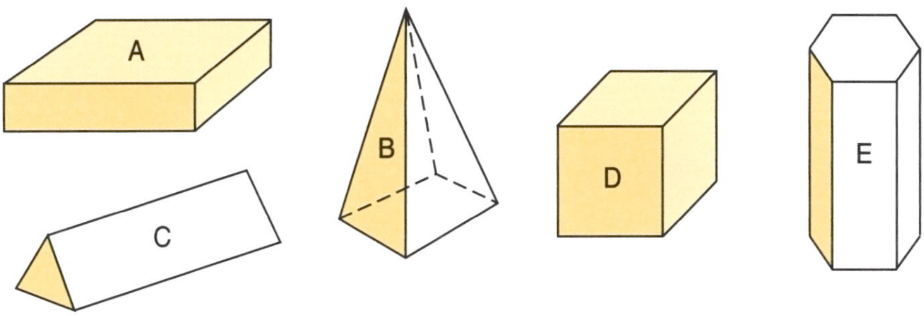

solide	nombre de faces	nombre de sommets	nombre d'arêtes
A			
B			
C			
D			
E			

738 Reproduis sur une feuille de bristol le modèle ci-dessous et celui de la page 149, puis découpe-les pour construire les solides.
(Les surfaces orange sont les onglets qui te permettront de coller les différentes faces.)

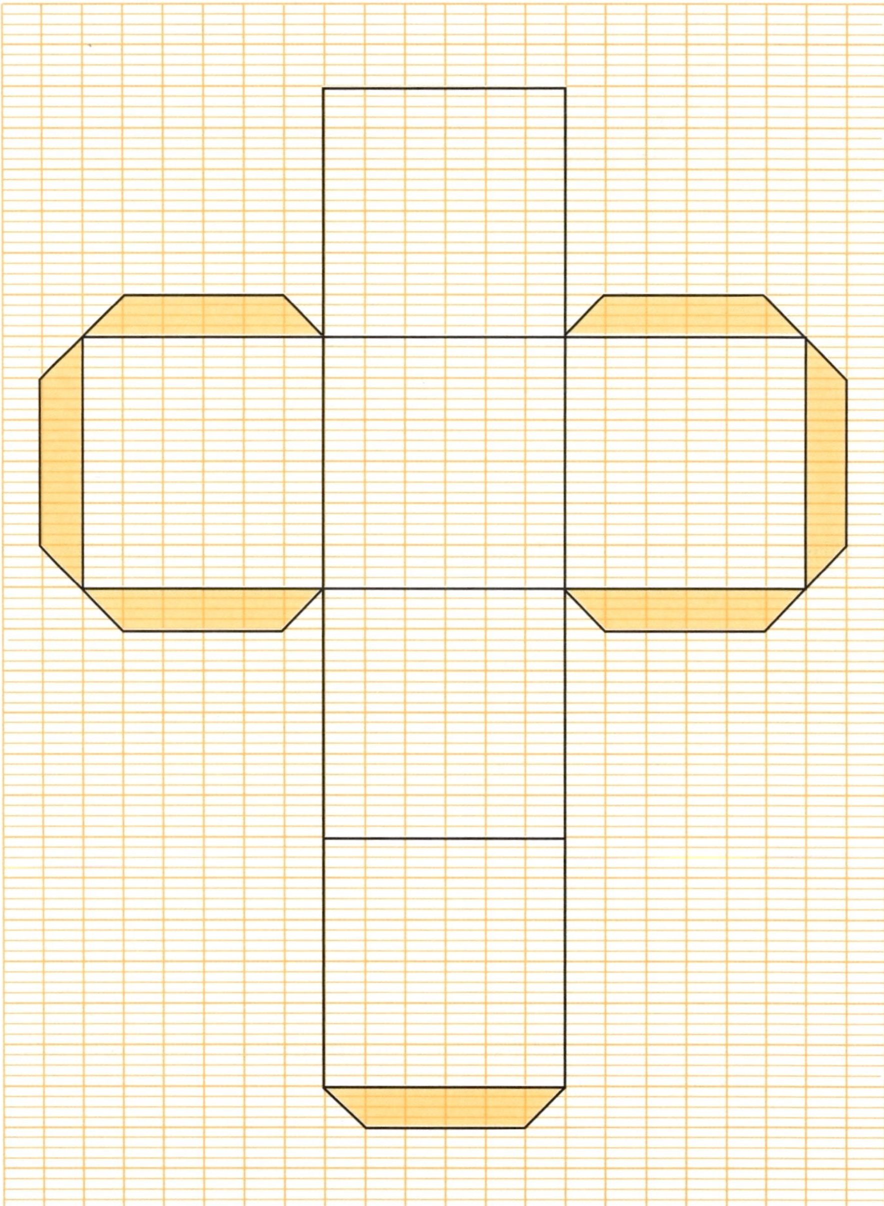

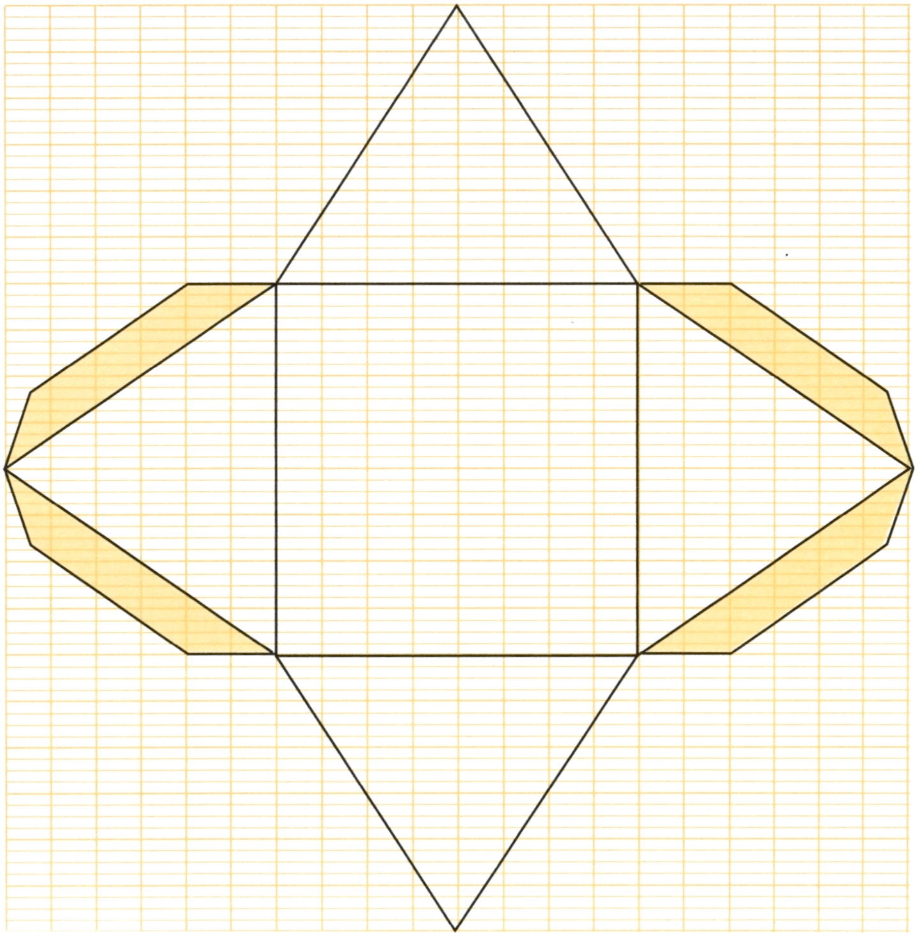

739 **1.** Observe le cube ci-dessous.

a) Quels sommets appartiennent à la fois à la face orange et à la face blanche ?

b) Quel sommet appartient à la fois aux faces orange, grise et blanche ?

2. Réponds par VRAI ou FAUX.

a) AB est une arête commune aux faces orange et grise.

b) DC est une arête commune aux faces grise et blanche.

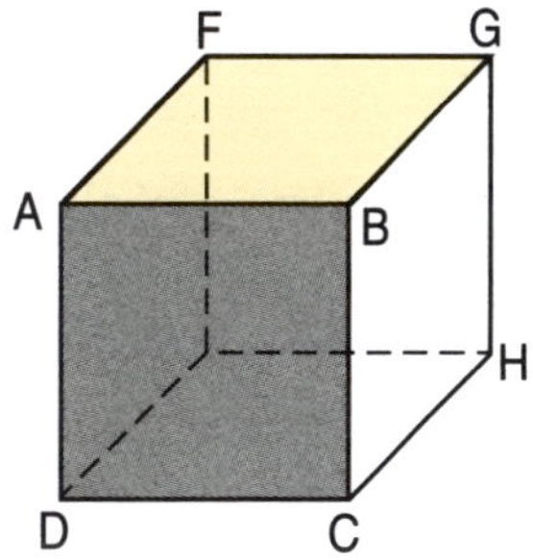

740 Avec les cubes de son jeu, Clément a réalisé les assemblages ci-dessous.
Recopie les deux lignes suivantes et complète-les en indiquant, pour chaque assemblage, le nombre de cubes utilisés.

A: ... cubes	B: ... cubes	C: ... cubes	D: ... cubes
E: ... cubes	F: ... cubes	G: ... cubes	H: ... cubes

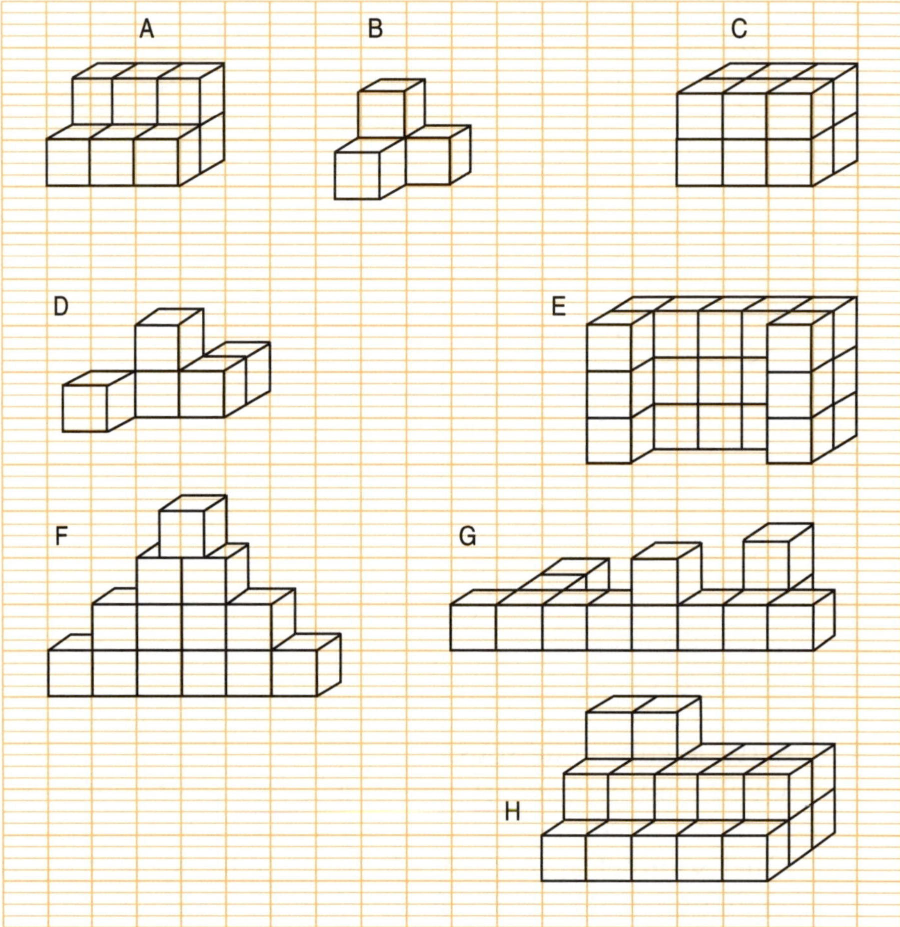

741 Ambre a réalisé ce cube avec du fil de fer.
Chaque arête mesure 5 cm.
Quelle longueur de fil de fer Ambre a-t-elle utilisée ?

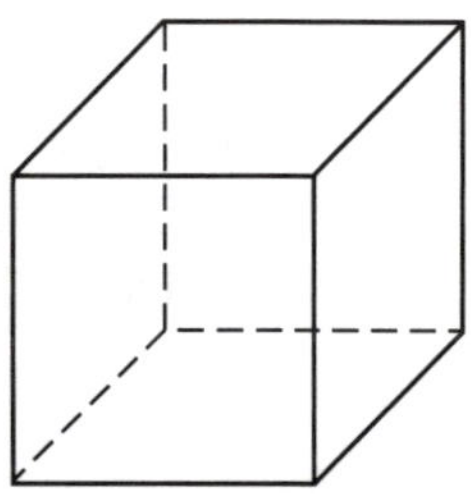

je travaille seul(e)

corrigé p. 190

742 À quel solide (A à E) correspond chacun des patrons suivants (1 à 5) ?

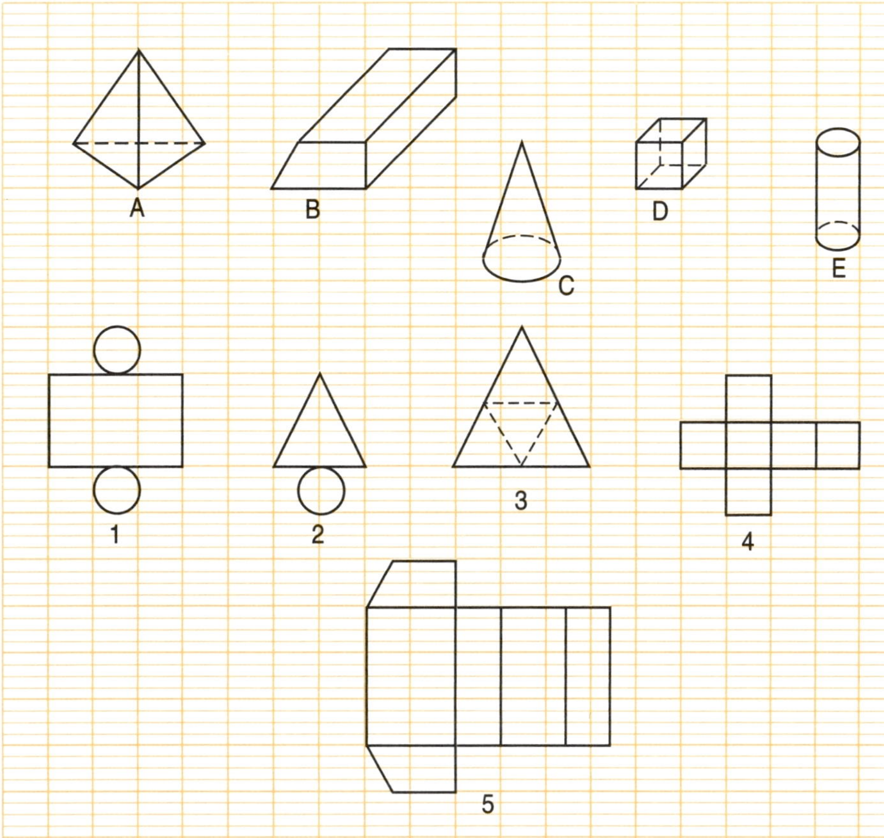

743 Voici un début de frise. reproduis-la sur ton cahier et continue-la.

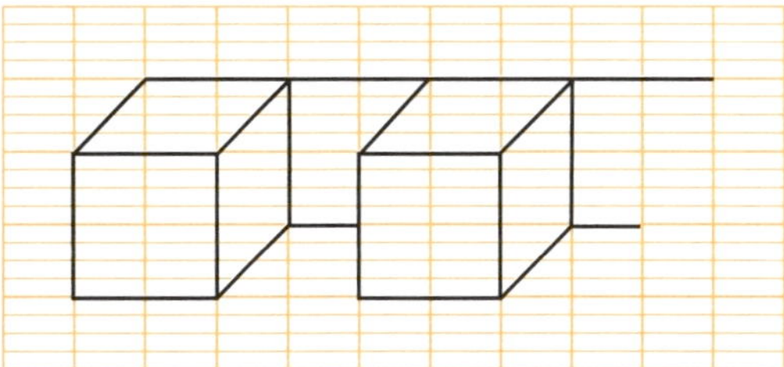

Les surfaces – Les lignes

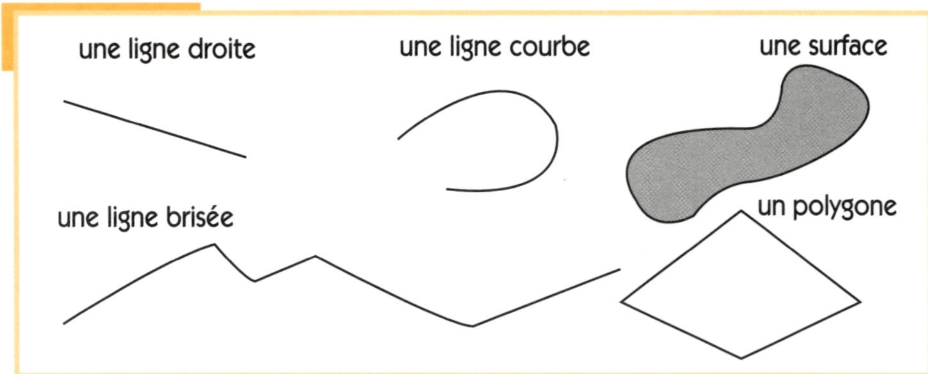

744 Quel est le nombre de traits droits formant cette ligne brisée? Nomme-les: AB, BC...

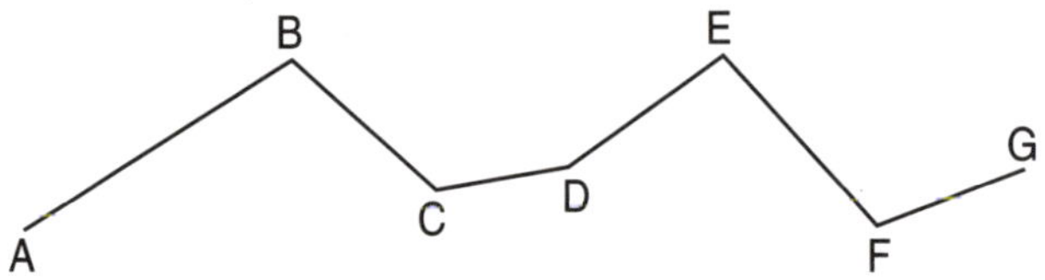

745 Trace une ligne brisée formée de cinq traits droits.

746 Trace une ligne brisée formée par des traits droits reliant les points suivants: G F M I K L J H.

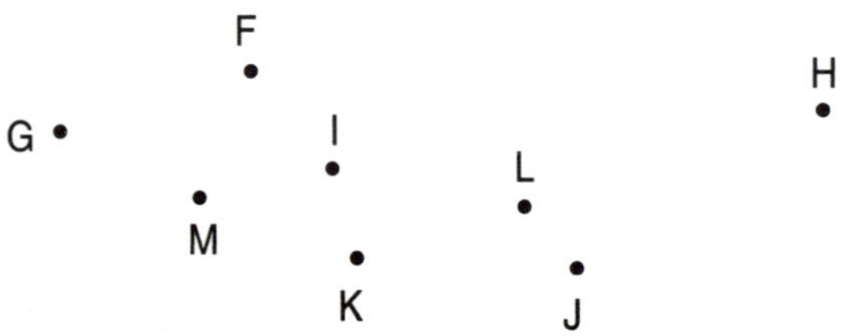

747 Trace ce polygone sur une feuille.
Combien y a-t-il de sommets ?
Nomme-les : A, B, C, D.
Numérote les côtés.
Que peux-tu dire ?

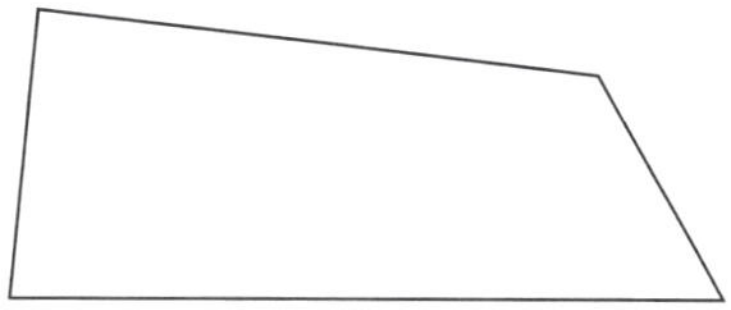

748 Parmi ces figures, quelles sont celles qui ont le même nombre de côtés ?

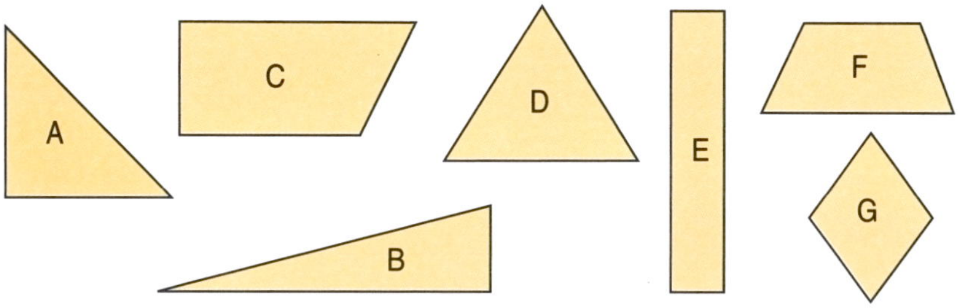

749 Observe ces polygones, puis recopie et complète le tableau en mettant des croix dans les bonnes cases.

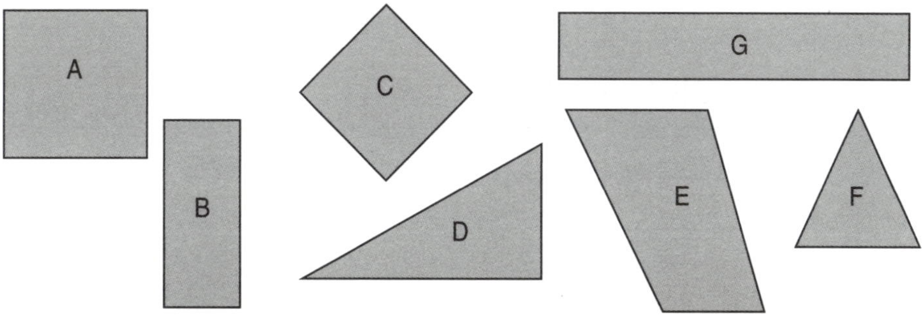

	carré	rectangle	triangle
A			
B			
C			
D			
E			
F			
G			

750 Voici des polygones ; observe-les, recopie et complète le tableau.

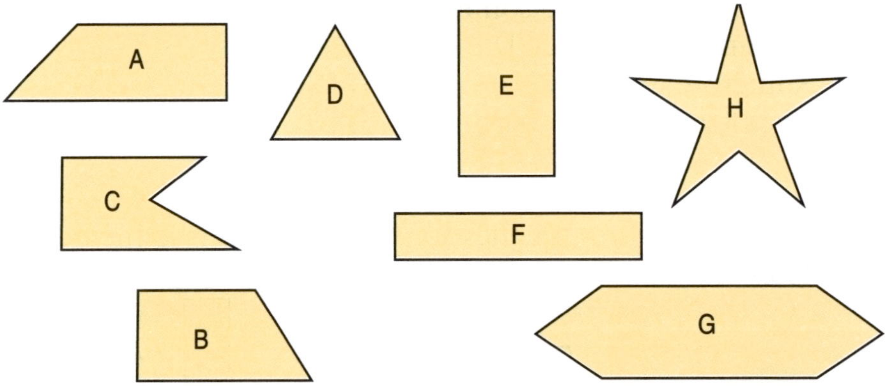

	nombre de côtés	nombre de sommets
A		
B		
C		
D		
E		
F		
G		
H		

751 Quel est l'intrus ? Pourquoi ?

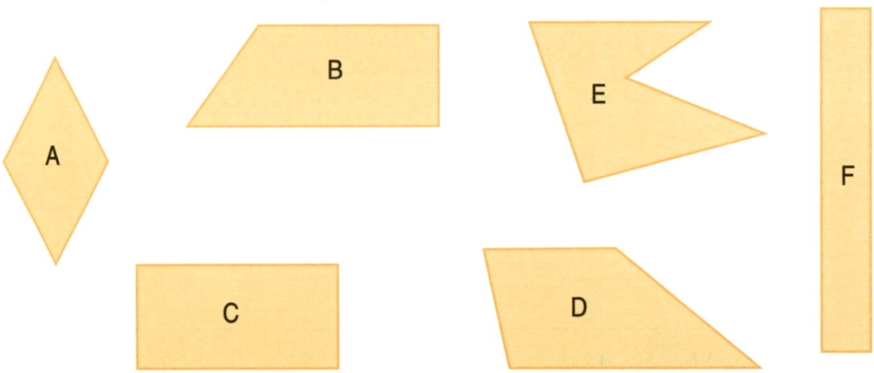

752 Quelle figure n'est pas un polygone ? Pourquoi ?

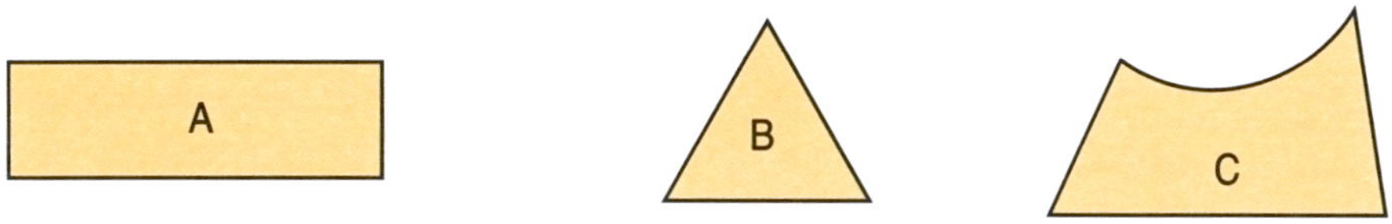

753 Voici un début de frise. Reproduis-la sur ton cahier et continue-la.

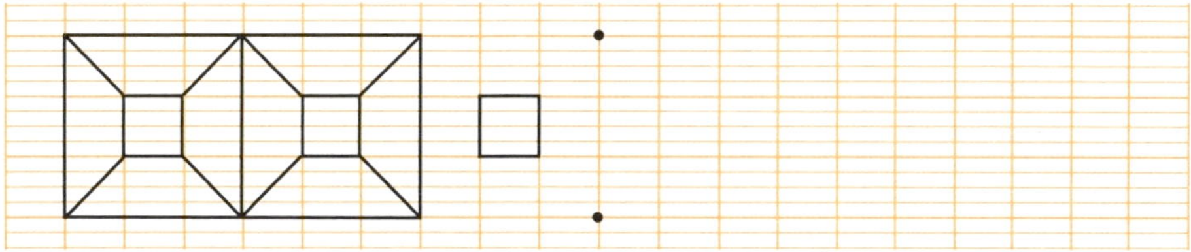

je travaille seul(e)

corrigé pp. 190-191

754 Observe les lignes, puis recopie et complète le tableau.

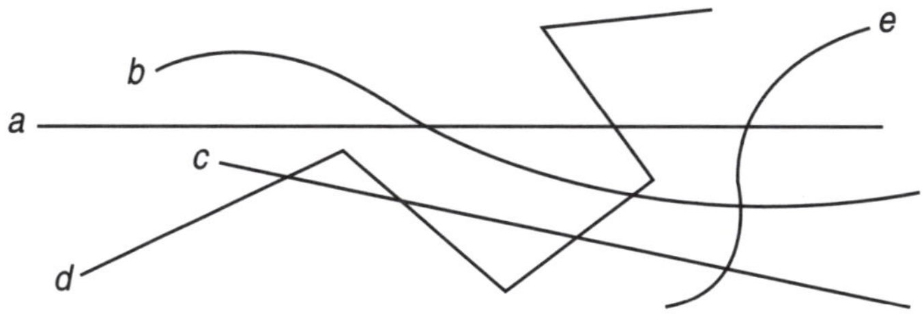

ligne droite	ligne brisée	ligne courbe

755 Reproduis ces quatre points : A, B, C et D.

a) Trace une ligne brisée passant par ces quatre points.

b) Trace une ligne courbe passant par ces quatre points.

c) Peux-tu tracer une ligne droite passant par ces points ?

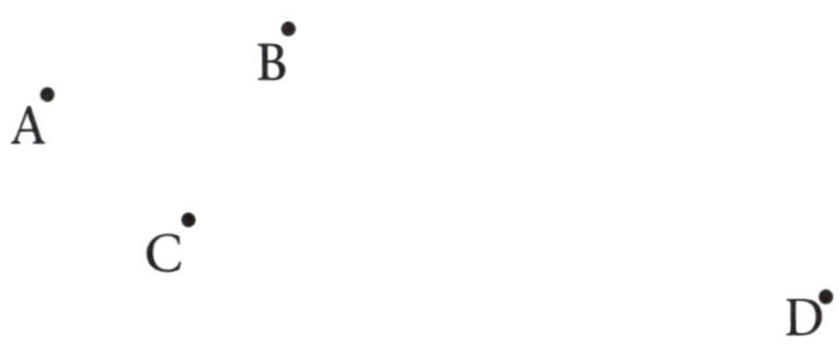

Le carré – Le rectangle

Le carré

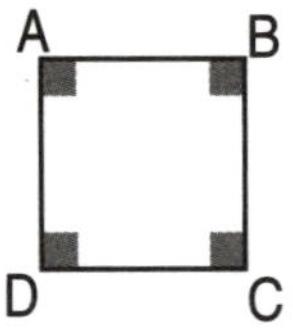

AB = BC = CD = DA
4 côtés égaux
4 angles droits
Périmètre = côté x 4

Le rectangle

AB = CD : longueur
AD = BC : largeur
4 angles droits
Périmètre = (longueur + largeur) x 2

756 Reproduis et complète le tableau.

carrés	rectangles

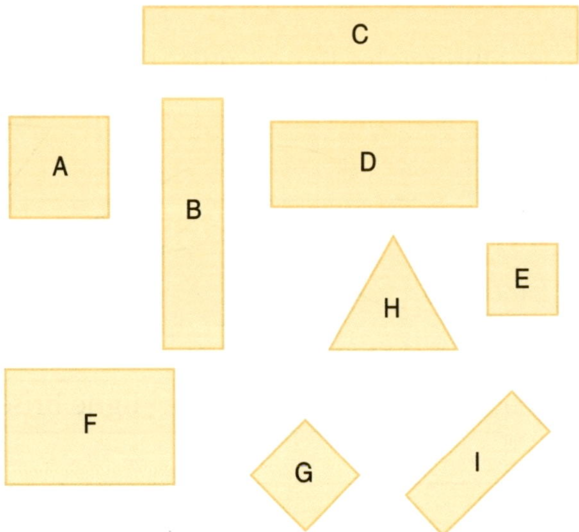

757 Reproduis ces figures sur du papier quadrillé.

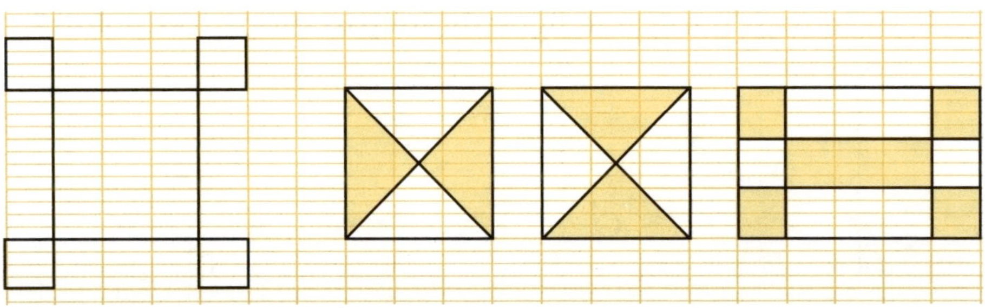

758 Mesure, en centimètres, les quatre côtés de chaque figure.
Reproduis le tableau et complète-le.

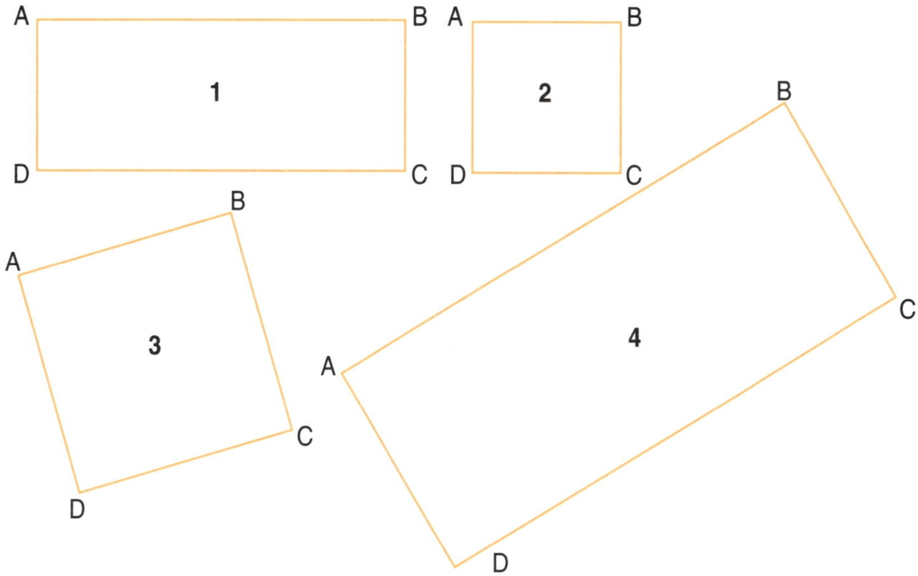

figure 1	figure 2	figure 3	figure 4
AB = … cm BC = … cm CD = … cm AD = … cm	AB = … cm BC = … cm CD = … cm AD = … cm	AB = … cm BC = … cm CD = … cm AD = … cm	AB = … cm BC = … cm CD = … cm AD = … cm

759 Reproduis et complète les frises.

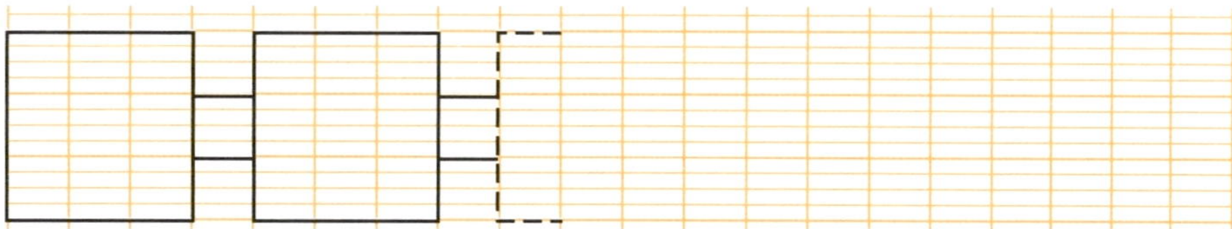

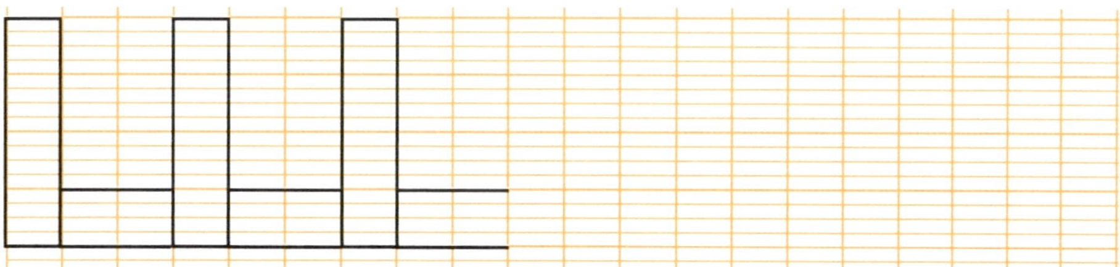

760 Sur du papier quadrillé, trace deux rectangles d'après le tableau.

	rectangle 1	rectangle 2
longueur	7 cm	5 cm
largeur	4 cm	3 cm

761 ABCD et EFGH sont des quadrilatères.
À l'aide du double décimètre et de l'équerre, mesure les côtés et étudie les angles.
Que peux-tu dire ?

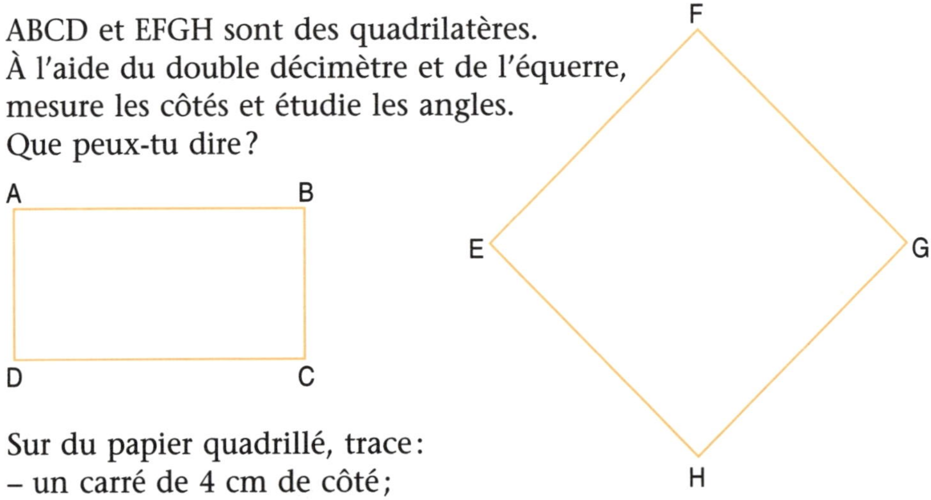

762 Sur du papier quadrillé, trace :
- un carré de 4 cm de côté ;
- un carré de 6 cm de côté ;
- un carré de 7 cm de côté.

763 Calcule le périmètre de ce terrain de football.

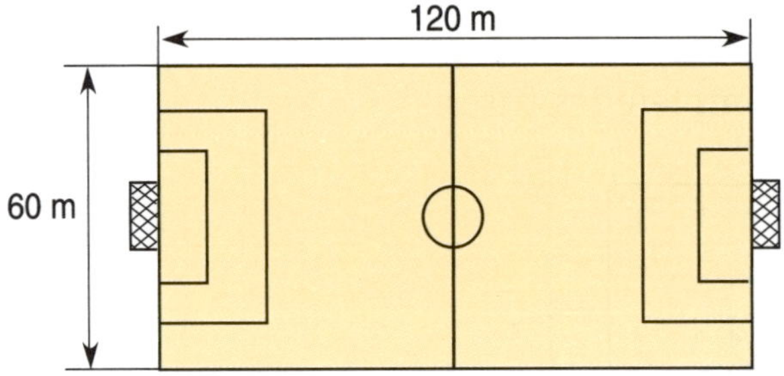

764 Calcule de deux manières différentes le périmètre de ce carré.

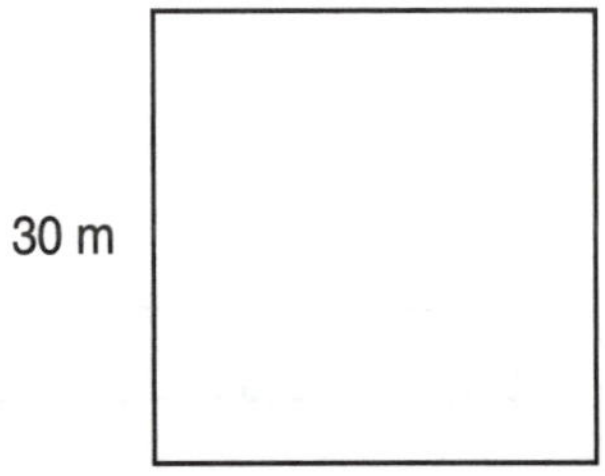

765 Un coureur fait le tour d'un champ carré de 320 m de côté.
Calcule la longueur totale de son parcours.
Le coureur fait cinq fois le tour du champ.
Quelle distance parcourt-il ?

766 On entoure un panneau publicitaire d'une bande fluorescente*.
Ce panneau mesure 4 m de longueur sur 2 m de largeur.
Quelle est la longueur de la bande fluorescente ?

767 Voici les dimensions d'une ardoise :
longueur : 28 cm ; largeur : 20 cm.
Calcule le périmètre de l'ardoise.

768 Un jardinier utilise du grillage pour entourer une pelouse de 18 m de long sur 9 m de large.
Quelle est la longueur de grillage utilisée ?
Le jardinier avait trois rouleaux de 25 m.
Quelle longueur de grillage lui reste-t-il ?

769 Voici un champ carré dont l'entrée mesure 3 m. Un agriculteur veut le clôturer*.

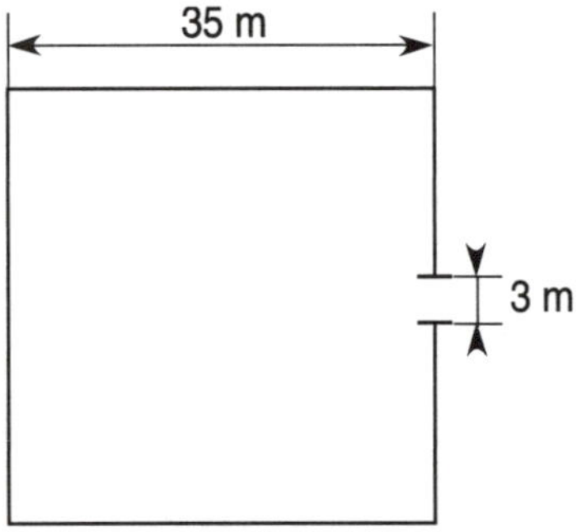

Quelle sera la longueur de la clôture ?

je travaille seul(e)

corrigé p. 191

770 Reproduis et complète le tableau en mettant des croix dans les bonnes cases. (Aide-toi de la règle et de l'équerre.)

figure	les côtés opposés sont parallèles	les 4 côtés sont égaux	les côtés sont égaux 2 à 2	les 4 angles sont droits
A				
B				

771 Un agriculteur possède un pré rectangulaire dont les dimensions sont 140 m et 70 m.
Ce pré est entouré d'une double rangée de fil de fer.
Calcule la longueur de fil de fer employée pour clôturer le pré.

Le triangle

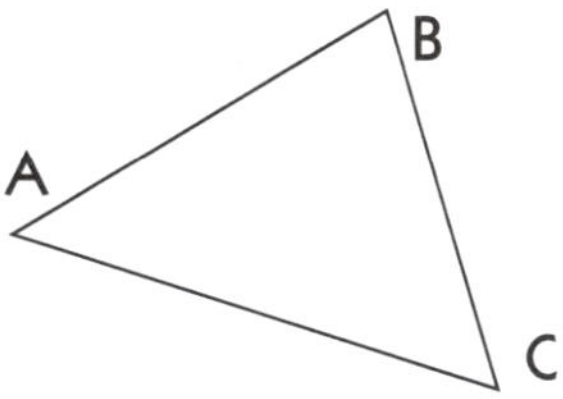

Un triangle a 3 côtés et 3 sommets.

772 Parmi les figures ci-dessous, indique celles qui sont des triangles.

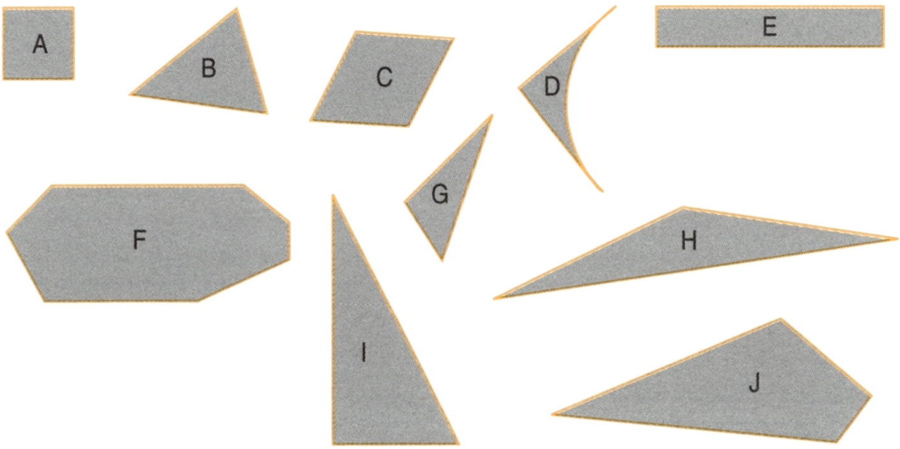

773 Parmi les triangles ci-dessous, indique lesquels ont un angle droit. (Aide-toi de l'équerre.)

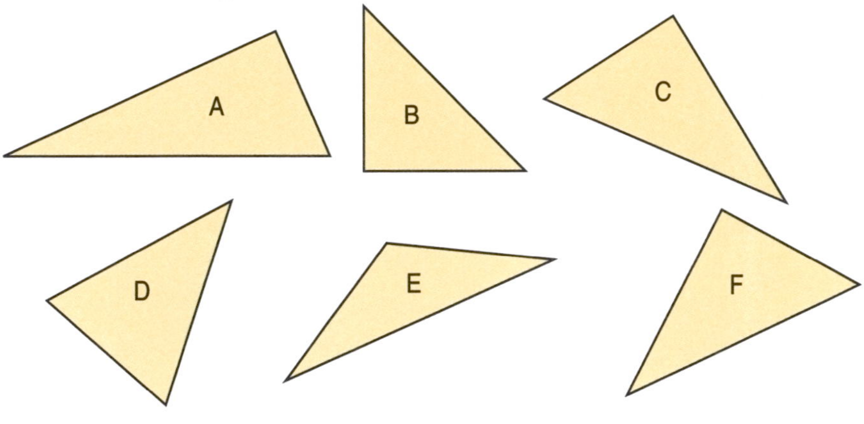

774 Parmi ces triangles, lesquels ont deux côtés de même longueur ?
Deux de ces triangles ont une autre particularité.
Peux-tu l'identifier ?

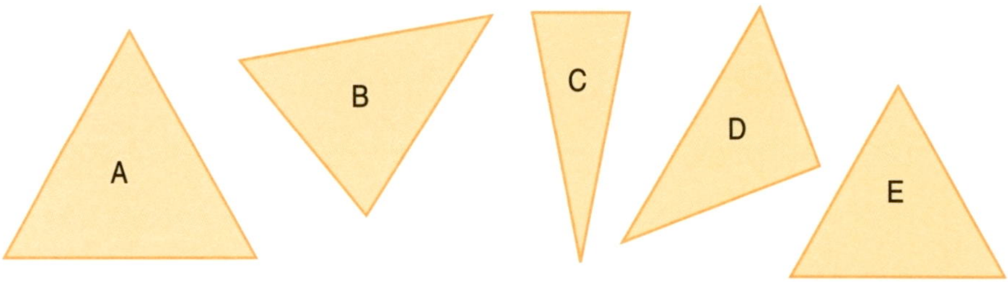

775 Trace trois triangles ayant un angle droit.

776 Trace un triangle ayant un angle droit et deux côtés égaux.

777 Trace un triangle ayant deux côtés mesurant chacun 4 cm.

778 Reproduis et complète cette frise.

779 Dans chacune de ces figures géométriques, compte les triangles.

①

②

780 Dans chacune de ces figures, compte les triangles.

③

④

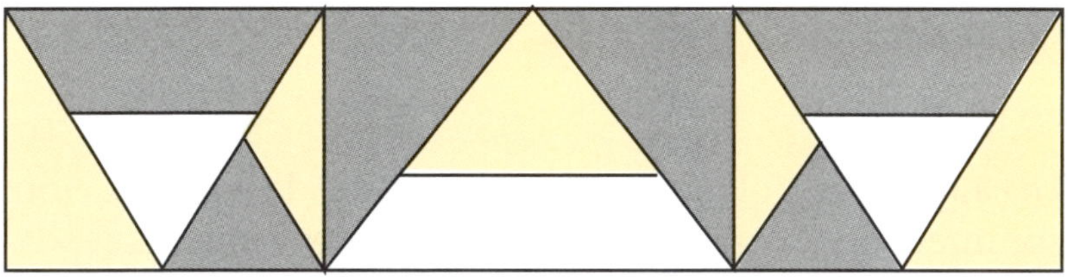

781 Calcule le périmètre de chacune des voiles de ce bateau. (Effectue les calculs en dm, puis en m.)

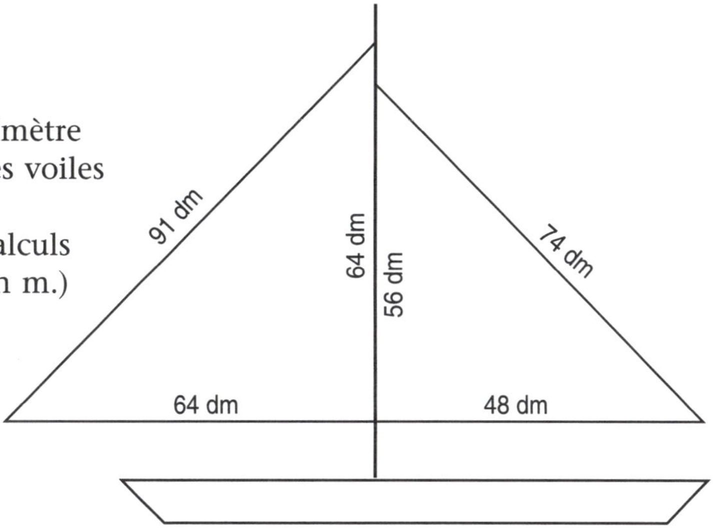

782 Voici le plan du jardin de monsieur Alphonse.
Calcule son périmètre.

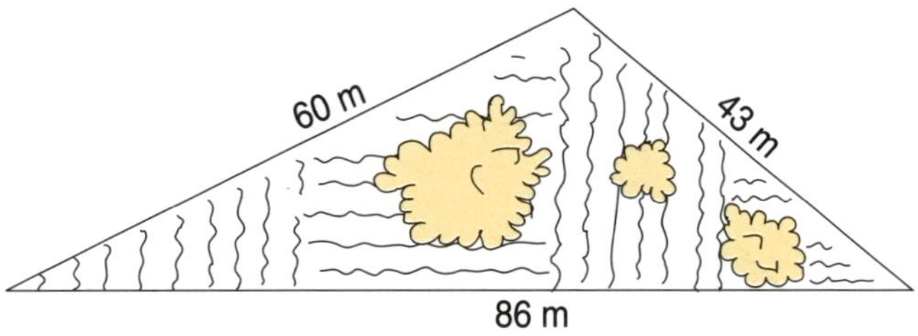

je travaille seul(e)

corrigé p. 191

783 Décalque ces polygones. Puis, à l'aide de ta règle, joins certains sommets de façon à obtenir les triangles suivants :

1. ABC – ACD
2. EFG – EGH
3. ILM – IJL – JKL

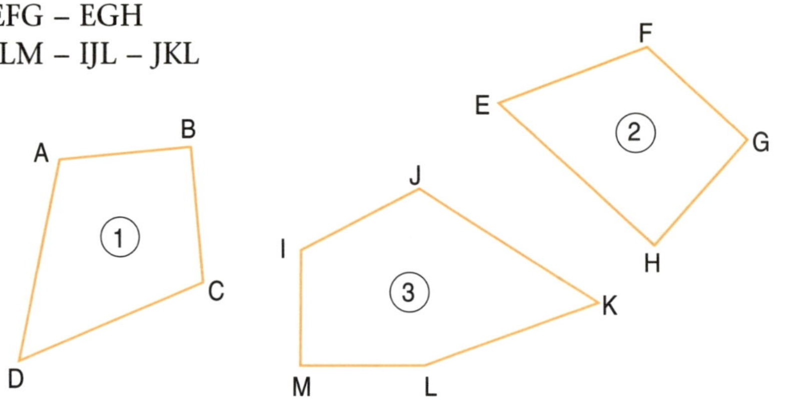

784 Observe le dessin.
Relève les numéros des triangles.

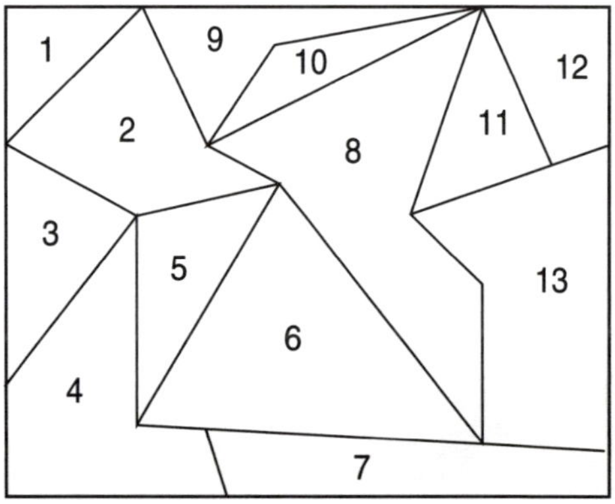

L'équerre – Le compas

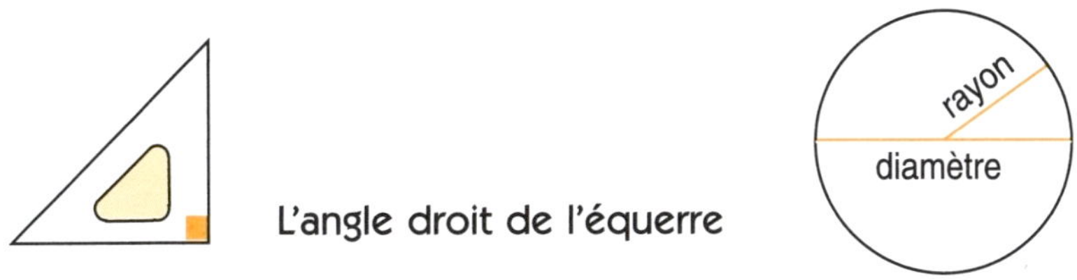

l'équerre

785 À l'aide d'une équerre, cherche tous les angles droits des figures : A, B, C, D, E et F.

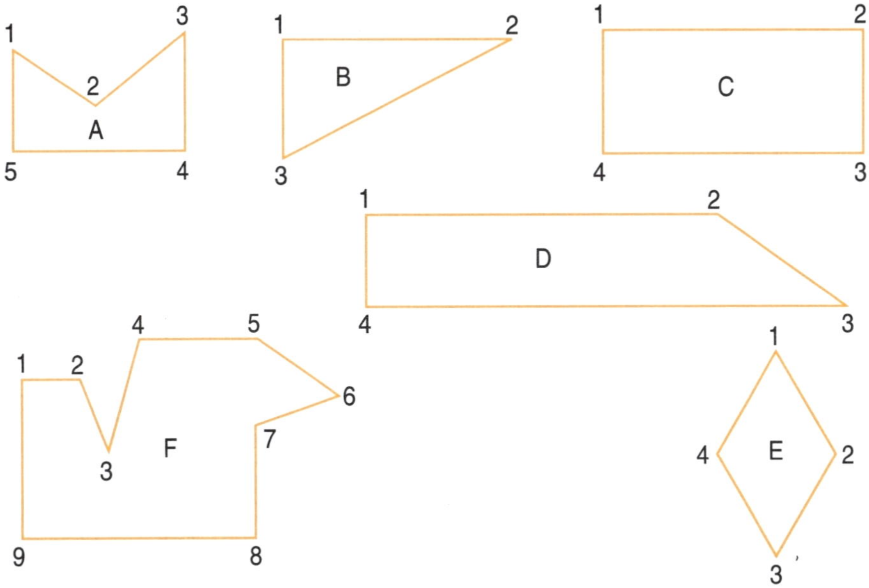

786 Sur une feuille de papier non quadrillé, dessine des figures en utilisant ton équerre et ta règle. (Colorie l'angle droit.)

EXEMPLE :

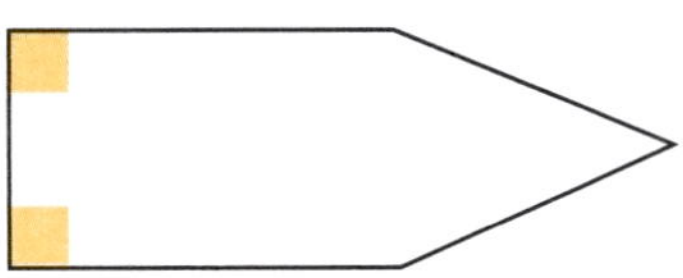

787 Parmi ces droites, quelles sont celles qui se coupent en formant des angles droits ?

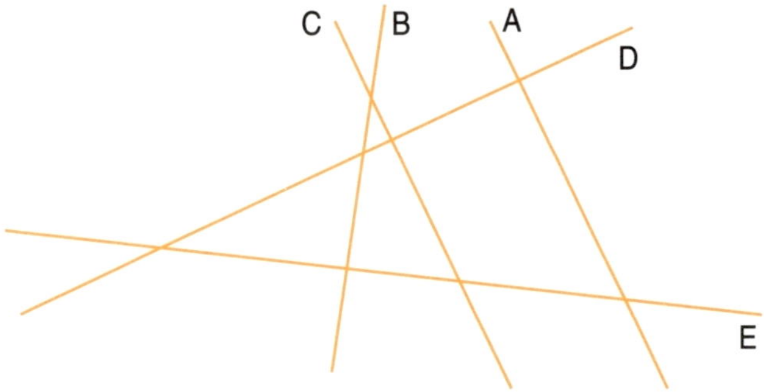

788 Sur du papier non quadrillé, trace une droite *x*, puis trace, à l'aide de l'équerre, des segments parallèles, comme sur le dessin ci-dessous. (Sers-toi de l'angle droit de l'équerre.)

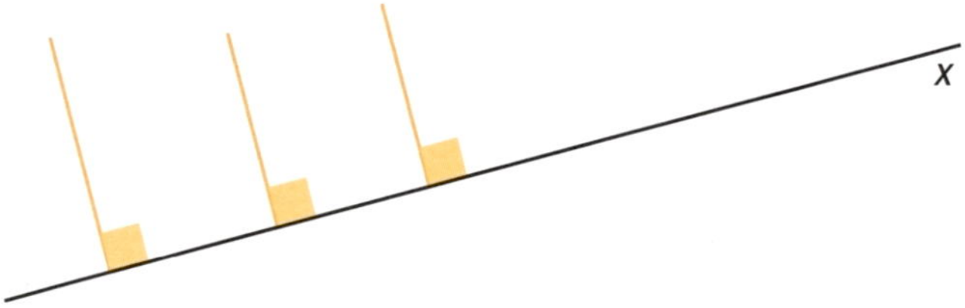

789 Même exercice avec la droite *y*. (Sers-toi des angles aigus de l'équerre.)

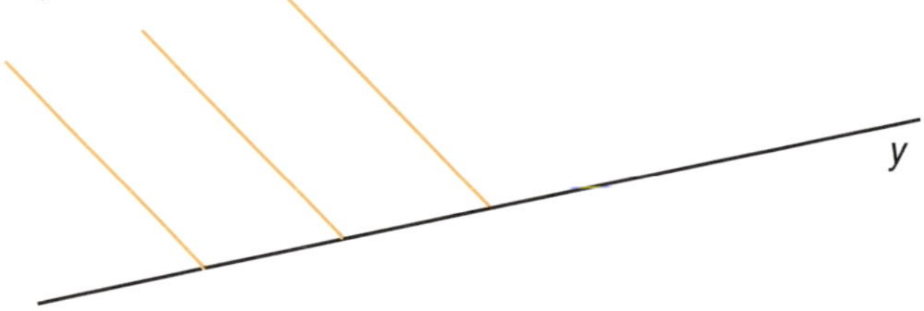

le compas

790 Reproduis, puis continue la frise ci-dessous à l'aide du compas.

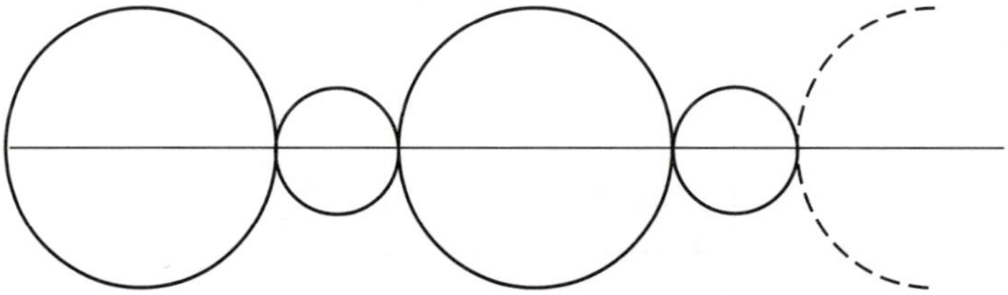

791 À l'aide du compas, reproduis la figure.

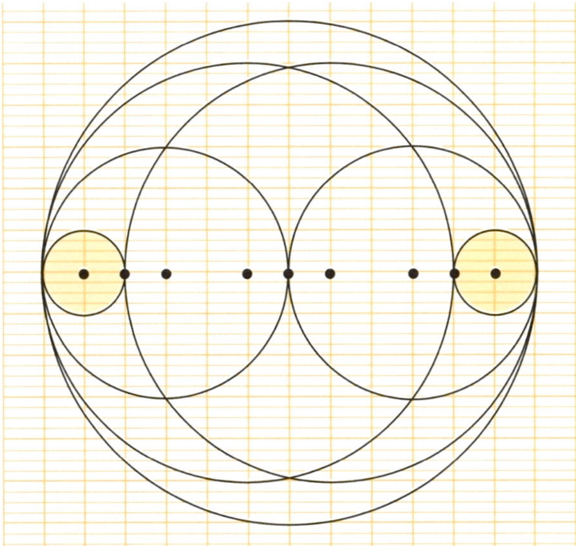

792 À l'aide du compas, tu peux construire différentes figures simples.

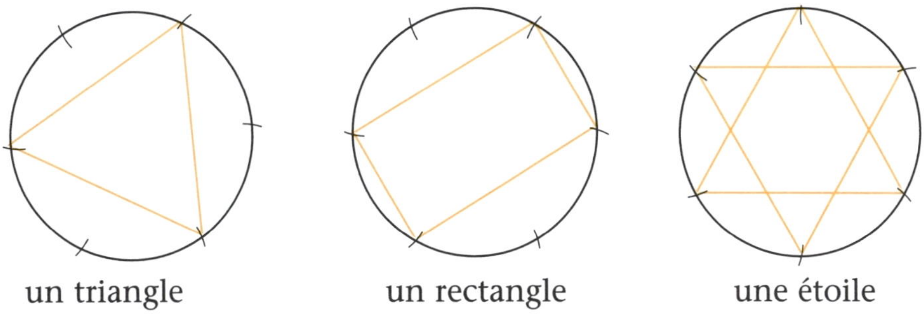

Entraîne-toi à les reproduire.

793 À l'aide d'une règle graduée et d'un compas, trace les cercles dont le diamètre est donné ci-dessous. Recopie et complète le tableau.

diamètre du cercle en cm	rayon du cercle en cm
10	
6	
8	
4	
12	

je travaille seul(e)

corrigé p. 191

794 Voici le segment AB : 
À l'aide du compas, trouve les segments ayant la même longueur que le segment AB.

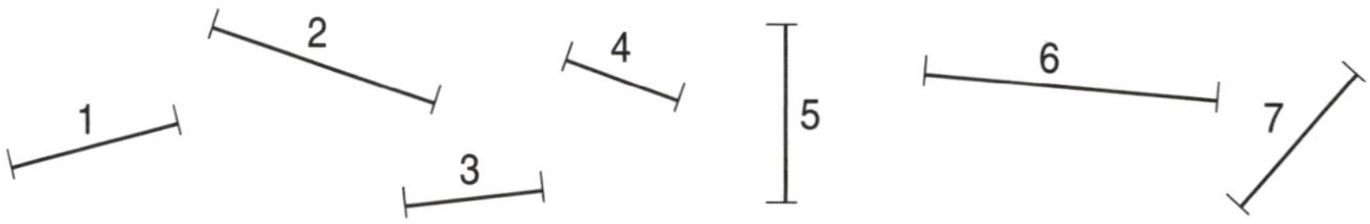

795 À l'aide de ton équerre, trouve les rues qui sont perpendiculaires à la rue de l'Épine-Guyon.

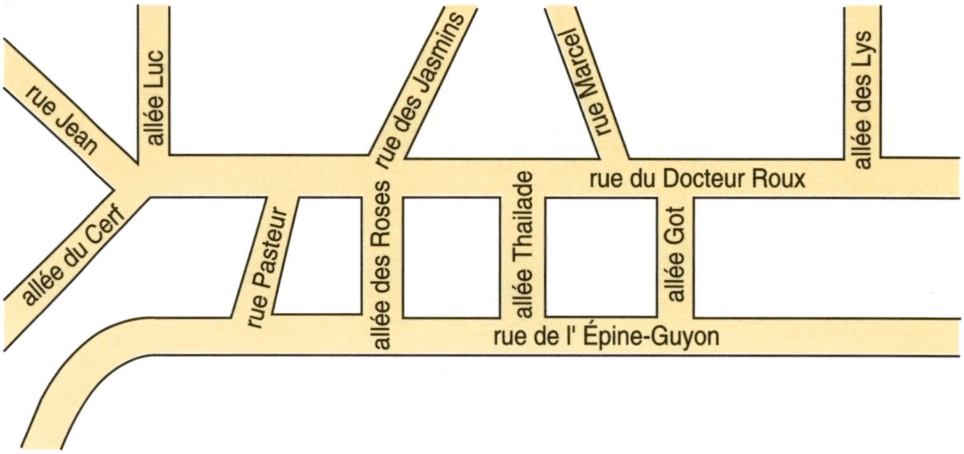

VI Synthèse générale

Dans ce chapitre, où sont réinvesties des acquisitions diverses, variables selon chaque enfant, il aurait été difficile de classer les énoncés par ordre de difficulté croissante.
Aussi le code suivant est-il utilisé :

*	peu difficile
**	un peu plus difficile
***	difficile

796 Pose, puis effectue les additions.
*

13 + 97 = …	238 + 143 + 27 = …
35 + 49 + 123 = …	155 + 324 + 49 = …
47 + 59 + 153 = …	244 + 127 + 15 = …

797 Pose, puis effectue les multiplications.
*

17 x 3 = …	427 x 2 = …
28 x 5 = …	239 x 7 = …
178 x 6 = …	333 x 3 = …

798 Pose, puis effectue les soustractions.
*

78 – 17 = …	238 – 159 = …
99 – 58 = …	524 – 227 = …
138 – 79 = …	555 – 555 = …

799 Pose, puis effectue les opérations.
*

235 + 124 + 19 + 105 = …	97 x 9 = …
500 – 398 = …	104 x 8 = …
134 x 5 = …	250 x 4 = …

800 Recopie et complète les opérations.
*

6 x 5 = … = … + 2	27 – 1 = 8 + …
7 x 4 = … = … – 5	49 + … = 75 – 7
8 x … = 34 + 14	7 x 3 = … = … + 6

801 Une équipe de football comprend 11 joueurs.
* Combien de joueurs y a-t-il sur le terrain lors d'un match ?

802 Un grand magasin avait en stock* 27 ordinateurs du même modèle.
* Quatre ont été vendus ce matin.
Que peux-tu calculer ?

803 Un livre valait 24 €. Il a augmenté de 7 €.
* Quel est son nouveau prix ?

804 Clément a acheté 5 pochettes de 6 images pour compléter son album sur le football.
* Combien a-t-il acheté d'images en tout ?

805 Dans une bibliothèque, il y a 5 rangées de 23 livres.
* Que peux-tu calculer ?

806 Après avoir fait la vidange de sa voiture, papa met de l'huile dans le moteur. Il verse 2 bidons de 2 litres, puis la moitié d'un autre bidon identique*.
* Quelle quantité d'huile contient le moteur ?

807 Brian part faire une promenade en vélo. Au départ, son compteur affiche 153 km. Au retour, il indique 168 km.
* Que peux-tu calculer ?

808 Louis avait prêté 11 cassettes à son cousin ; celui-ci ne lui en a rendu que 7. Combien lui en manque-t-il ?
*

809 Avec lesquels de ces patrons pourrait-on construire un cube ?
** (Si tu hésites, tu peux les reproduire en plus grand, les découper et essayer de construire les cubes.)

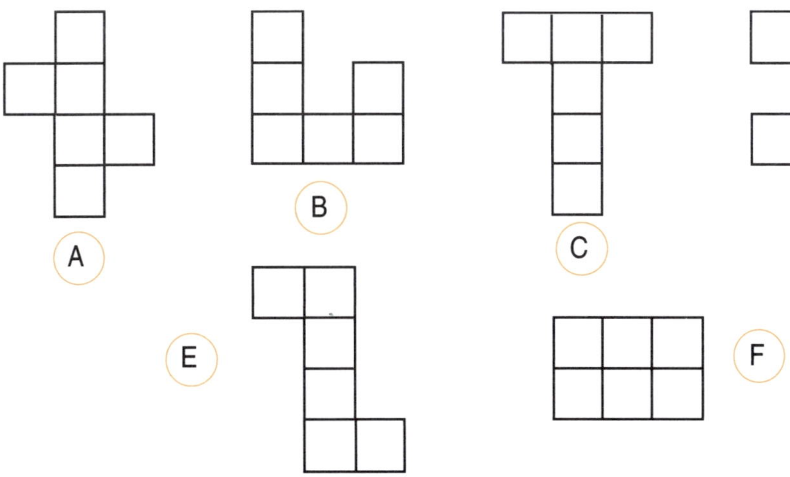

810 Pose, puis effectue les opérations.
**

296 + 419 = …	376 – 35 = …
321 + 87 = …	429 – 253 = …
44 x 16 = …	600 – 45 = …

811 Pose, puis effectue les opérations.
**

365 + 7 + 63 = …	625 – 383 = …
49 + 512 + 184 = …	56 x 23 = …
362 – 144 = …	222 x 4 = …

812 Pose, puis effectue les opérations.
**

394 + 86 + 119 = …	48 x 35 = …
(47 + 376) – 38 = …	63 x 76 = …
59 x 24 = …	101 x 99 = …

813 Pose, puis effectue les opérations.
**

175 + 419 + 37 = …	416 – 227 = …
2 075 + 612 + 8 + 179 = …	56 x 72 = …
3 602 – 182 = …	2 222 – 778 = …

814 Pour payer un livre, Romane donne un billet de 20 € au vendeur.
** Celui-ci lui réclame encore 2 pièces de 2 €, puis lui rend un billet de 5 €. Combien coûte ce livre ?

815 Léo, qui se trouve trop grand pour jouer aux voitures miniatures,
*** répartit ses 64 voitures entre ses quatre jeunes cousins.
Combien de voitures doit-il donner à chacun pour ne pas faire de jaloux ?

816 Laurène est partie en vacances du 30 juin au 4 septembre.
** Combien de jours ont duré ses vacances ? (Tu compteras le jour du départ et le jour du retour.)

817 Pour se rendre au musée, la classe de Coline a pris le car à 9 h 15.
** Le car dépose les enfants devant le musée à 9 h 50.
Combien de temps le trajet a-t-il duré ?

818 Zoé achète 3 DVD pour 90 €.
*** Quel est le prix d'un DVD ?

819 Avec 17 images, le maître veut récompenser 5 élèves en leur donnant
*** le même nombre d'images.
Combien en aura chaque élève ?
Combien le maître en gardera-t-il ?

820 Aureline dispose de 75 fraises pour faire 3 tartes.
*** Que peux-tu calculer ?

821 Océane a acheté un bol et 6 assiettes pour un prix total de 43 €.
*** Le bol coûte 7 €.
Quel est le prix des 6 assiettes ?
Quel est le prix d'une assiette ?

822 Un ouvrier a gagné 395 € en 5 jours de travail.
*** Que peux-tu calculer ?

823 Recopie la facture de monsieur Béranger et aide-le à retrouver les
** nombres effacés.

BRICOLAGE – LOISIRS		
article	prix unitaire	total
3 sachets de clous	3 €	…
2 planches en pin	12 €	…
2 pots de peinture	…	34 €
3 pinceaux	5 €	…
1 perceuse	…	…
total à payer		231 €

824 Dans un parc d'attractions, l'entrée coûte 13 € pour les adultes et
** 9 € pour les enfants.
Combien paieront monsieur et madame Vianney s'ils s'y rendent accompagnés de leurs deux enfants ?

825 Avant de partir en vacances en Bretagne, monsieur Honoré achète
* une planche à voile au prix de 769 € et un gilet de sauvetage valant 42 €.
Combien a-t-il dépensé ?

826 Monsieur et madame Richin veulent changer leur lave-linge. Ils
** hésitent entre plusieurs modèles.

507 € 355 € 465 € 459 € 629 €

Quelle est la différence de prix entre le modèle le plus cher et le modèle le moins cher?
Ils choisissent finalement le modèle valant 459 €.
Quelle est la différence de prix entre ce modèle et le plus cher?
Entre ce modèle et le moins cher?

827 Le directeur d'une colonie de vacances achète 12 sacs à dos à 19 €
** l'un et 15 sacs à dos à 24 € l'un. Il bénéficie d'une réduction de 29 €.
Quelle somme devra-t-il payer?

828 Gilbert calcule ce qu'il a dépensé cette année pour renouveler son
* matériel d'alpinisme:
- sac à dos: 129 €;
- crampons: 69 €;
- corde: 134 €;
- petit matériel: 85 €.

Quelle somme Gilbert a-t-il dépensée?

829 Observe ces deux pendules. La première t'indique à quelle heure
** Marius est entré à la piscine, la seconde t'indique à quelle heure il en est sorti.
Calcule combien de temps Marius est resté à la piscine.

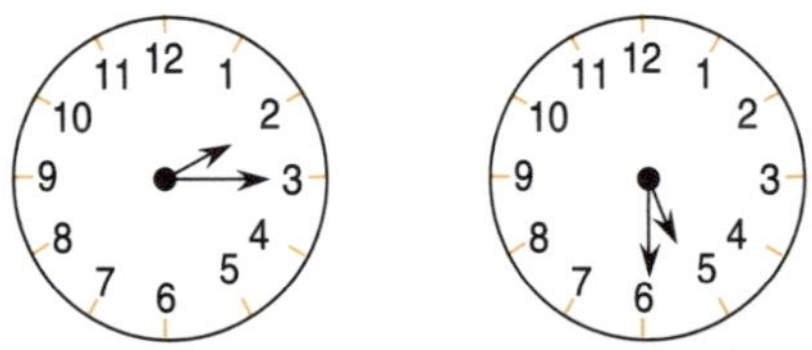

830 Quatre barriques* de cidre contiennent ensemble 900 L.
*** Quelle est la contenance d'une barrique ?

831 Dans une école, 3 classes comptent chacune 25 élèves et 2 classes
** comptent chacune 28 élèves.
Combien d'élèves y a-t-il en tout dans cette école ?

832 Pose, puis effectue les opérations.
**

(6 219 + 197) – 1 075 = …	475 x 59 = …
174 x 37 = …	3 010 – 2 711 = …
281 x 105 = …	(535 + 277) – 792 = …

833 Pose, puis effectue les opérations.
**

(362 + 56 + 4 197) – 2 099 = …	(1 469 x 4) – 4 877 = …
94 x 86 = …	68 x 37 = …
276 x 204 = …	131 x 11 = …

834 L'*Airbus A 333-300* peut transporter 335 passagers tandis que le
* *Concorde* ne peut en transporter que 128.
Trouve la question et réponds à cette question.

835 Voici les distances maximales que peuvent parcourir sans escale
** quelques avions.

avion	distance en km
Airbus A 310-300	9 600
Concorde	6 500
Boeing 747	11 000
Tupolev 114	8 950
Boeing 707	7 485
Douglas MD 11	12 875

a) Quel avion peut parcourir la plus grande distance ?
b) Quel avion couvre la distance la plus courte ?
c) Calcule la distance supplémentaire que peut parcourir l'*Airbus A 310-300* par rapport au *Boeing 707*.

836 Papa a acheté 50 thuyas* à 15 € l'un pour planter une haie autour
*** de son jardin.
Quel est le prix de cette haie ?
Il a également acheté un érable pourpre* pour le planter au milieu de la pelouse et a ainsi payé en tout 805 €.
Quel est le prix de l'érable ?

837 Dans une salle de cinéma, il y a 32 rangées de 25 places.
** Combien de places contient cette salle ?
713 spectateurs y ont pris place pour regarder le film projeté.
Combien de places sont inoccupées ?

838 William et Sandra envisagent de faire la randonnée dont voici la
** description :

> Crêtes de la Cerdagne
>
> – Pyrénées orientales, Cerdagne.
> – Époque conseillée : de juin à septembre.
> – Dénivellation* de montée : 1er jour : 1 300 m ; 2e jour : 900 m.
> – Durée prévue : 1er jour, 7 h 30 min ; 2e jour, 7 h.
> – Matériel nécessaire : tente légère, matériel de camping et de cuisine.

a) Pendant quels mois de l'année est-il conseillé de faire cette randonnée ?
b) Quelle sera la dénivellation totale à la montée ?
c) Quelle est la durée de marche totale prévue ?

839 Une source donne 30 litres d'eau chaque minute.
** Quelle quantité d'eau débite-t-elle en une heure ?

840 En France, il se vend environ 8 hamburgers chaque seconde.
** Calcule le nombre de hamburgers vendus en une minute ; en une heure.

841 Pendant un week-end, des randonneurs ont marché 17 km 500 m
** le samedi, puis 22 km le dimanche.
Quelle est la distance totale parcourue durant le week-end par ces randonneurs (en km et m) ?

842 Monsieur et madame Mizeret voudraient changer plusieurs éléments de leur chaîne hi-fi. Ils ont choisi une platine laser à 229 € et un lecteur de cassettes à 199 €. Mais, cependant, ils ne veulent pas dépenser plus de 420 €.
** Pourront-ils acheter ces deux appareils ?
Que peux-tu encore calculer ?

843 Trouve combien il y a de kilomètres et de mètres dans :
** 6 324 m – 4 230 m – 2 100 m – 6 003 m – 7 342 m.

844 Écris en mètres :
** 3 km – 6 km 750 m – 3 km 253 m – 4 km 7 m – 2 km 375 m.

845 Éloi a fait 200 pas de 65 cm chacun.
** Quelle distance a-t-il parcourue (en cm, puis en m) ?

846 Un œuf pèse en moyenne 60 g.
** Combien pèsent 12 œufs ? 5 douzaines d'œufs ?

847 Dans une caisse, on peut ranger 36 boîtes de conserve.
** Combien de boîtes de conserve pourra-t-on ranger dans 10 caisses ? dans 50 caisses ? dans 100 caisses ?

848 Victor doit parcourir 3 km pour rendre visite à sa grand-mère.
** Il a déjà fait 1 600 m.
Quelle distance (en m) lui reste-t-il à parcourir ?

849 Un tronc d'arbre mesure 3 m 50 cm de hauteur.
** Quelle est sa longueur en centimètres ?
On le coupe en deux morceaux égaux.
Quelle est la longueur d'un morceau ?

850 Calcule le périmètre d'un terrain de hockey sur gazon, sachant que
** sa longueur mesure 91 m 40 cm et sa largeur 55 m.

851 Voici un mouchoir.
** Quel est son périmètre ?
(Calcule-le de deux manières différentes.)

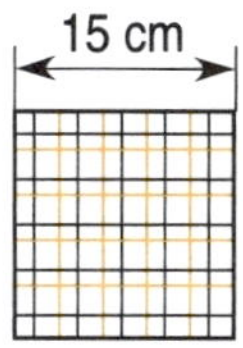

852 ***
Voici un champ rectangulaire entouré de deux rangées de fil de fer barbelé.

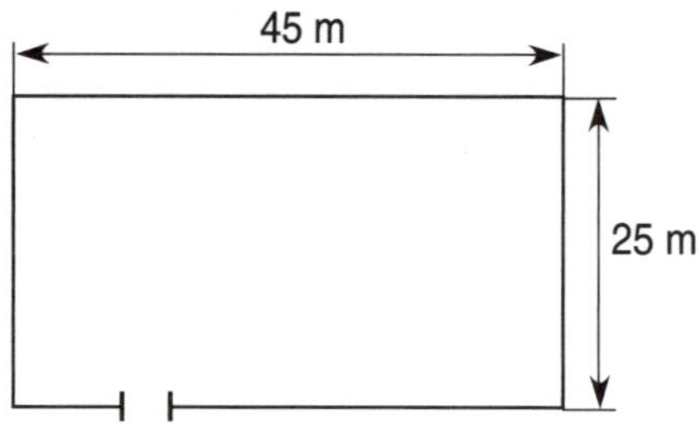

Calcule le périmètre de ce champ.
Calcule la longueur de fil de fer barbelé (la barrière mesure 2 m 50 cm).

853 **
Recopie et complète les égalités.

5 km = ... m
3 km 2 hm = ... m
2 km 3 dam = ... m
25 dam = ... m
8 dam 2 m = ... m

2 503 m = ... km ... m
4 500 m = ... km ... hm
7 000 m = ... km
1 880 m = ... km ... dam
4 643 m = ... km ... m

854 **
Recopie et complète les égalités.

2 200 g = ... kg ... g
3 635 g = ... kg ... g
1 kg 18 g = ... g
2 kg 4 g = ... g

7 kg 850 g = ... g
3 560 g = ... kg ... g
12 kg 600 g = ... g
4 750 g = ... kg et ... g

855 **
Calcule le périmètre du tableau.
Calcule le périmètre du cadre.

856 **
Lors d'une randonnée VTT, des cyclistes parcourent 32 km 5 hm le matin, puis 23 km 5 hm l'après-midi.
Quelle était la distance totale de cette randonnée (en km et hm) ?

857 Recopie et convertis dans l'unité demandée.
**

4 cm = ... mm	18 mm = ... cm ... mm
3 dm 2 cm = ... cm	338 mm = ... dm ... cm ... mm
5 dm = ... mm	80 mm = ... cm
3 dm 5 cm = ... mm	900 mm = ... dm
270 mm = ... cm	2 dm 6 cm 4 mm = ... mm

858 Trouve l'itinéraire le plus court pour aller de Saint-Louis à Carteville.
*** Justifie ta réponse en donnant les distances totales.

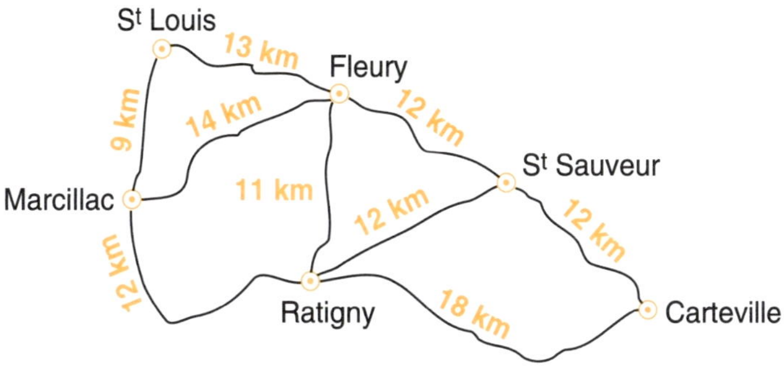

859 Alexis a acheté trois bandes dessinées identiques pour 45 €.
*** Quel est le prix d'une bande dessinée ?
Quel prix aurait-il payé pour deux bandes dessinées ?

860 Un chauffeur parcourt chaque jour l'aller-retour Méry-Trouville.
*** Quelle distance parcourt-il chaque jour ?
Quelle distance parcourt-il en 5 jours ?
Quelle distance parcourt-il en un mois de 22 jours de travail ?

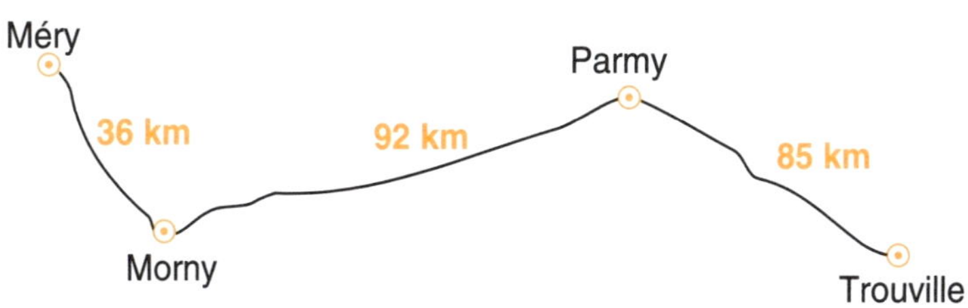

861 Sur un paquet de gâteaux contenant 10 biscuits, on peut lire :
*** « Poids net 150 g ».
Quelle est la masse d'un gâteau ?

862 Une voiture consomme en moyenne 7 L d'essence aux 100 km.
*** Quelle distance pourra-t-elle parcourir avec 63 L dans le réservoir ? Quelle quantité d'essence consommera-t-elle pour faire 300 km ?

863 Monsieur et madame Rochelle et leurs deux enfants âgés de 3 ans
*** et 8 ans doivent prendre le bateau le 2 juillet pour se rendre de Calais (France) à Douvres (Angleterre). Ils voyageront avec leur voiture et leur caravane.
Observe le tarif ci-dessous et calcule combien ils devront payer pour leur traversée.

	du 15/9 au 16/6	du 16/6 au 14/9
passager	22 €	22 €
enfant (4 à 14 ans)	12 €	12 €
enfant de moins de 4 ans	gratuit	gratuit
voiture	42 €	65 €
moto, scooter	22 €	27 €
caravane, remorque	20 €	20 €
autobus	90 €	140 €

864 Pose, puis effectue les opérations.
*** (5 069 + 197) – 3 167 = …
139 x 60 = …
258 x 209 = …
48 : 6 = …
68 : 4 = …
99 : 3 = …

865 Pose, puis effectue les opérations.
*** (654 x 6) – 1 874 = …
300 x 207 = …
(281 x 7) + 7 = …
84 : 3 = …
112 : 7 = …
96 : 8 = …

866 Papa achète pour sa maison de campagne trois rosiers à 12 € l'un
** et un pommier valant 55 €.
Combien a-t-il dépensé ?

867 De combien le bijoutier a-t-il baissé
* le prix de cette bague ?

868 Sur un cargo pouvant transporter 15 000 tonnes de céréales*, on
* en a déjà chargé 4 500 tonnes.
Trouve la question et réponds à cette question.

869 Monsieur et madame About réservent leurs places pour un voyage
** en Égypte. Le prix est de 1 215 € par personne, mais on leur fera une réduction de 596 € puisqu'ils partent à deux.
À combien leur revient leur voyage ?

870 Observe cette affiche, puis réponds aux questions posées.
**

FÊTE DE L'AMITIÉ
Dimanche 14 juin de 14 h à 22 h **Concert avec le groupe Chorus** Stands, animations, restaurant Entrée : 5 € **PARC DES SPORTS**

Quelle sera la durée de la fête ?
On prévoit environ 500 entrées.
Quel serait alors le montant de la recette* ?

871 Quelle somme propose-t-on pour la reprise de l'ancienne voiture ?
*

Prix	20 769 €
Reprise	…
Somme à payer	15 369 €

872
**

GRAND CHOIX DE PETITES PLANTES
jusqu'au 20 mai
3 € pièce **27 €** la barquette de 10

Quelle somme économise-t-on en achetant une barquette ?
Si on achète une barquette, à combien revient une plante ?

873 «Pour m'offrir le vélo qui me plaît, dit Grégoire, il faudrait que
** j'économise 18 € par mois pendant un an.»
Quel est le prix de ce vélo?

874
***

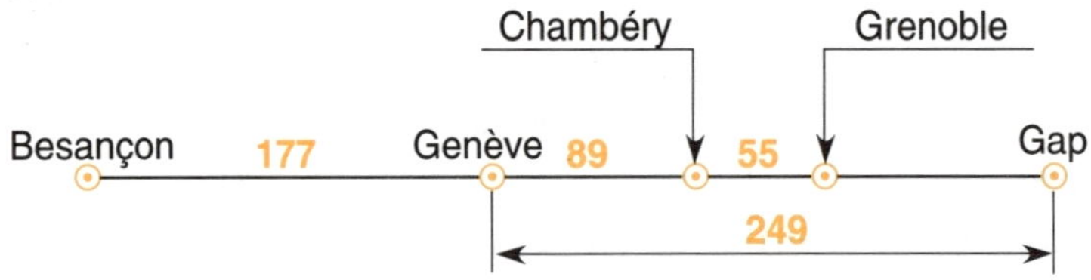

Calcule les distances: Besançon-Gap; Grenoble-Gap.

875 Monsieur Corentin veut entourer
** son jardin carré avec une clôture.
Calcule la longueur de cette clôture.

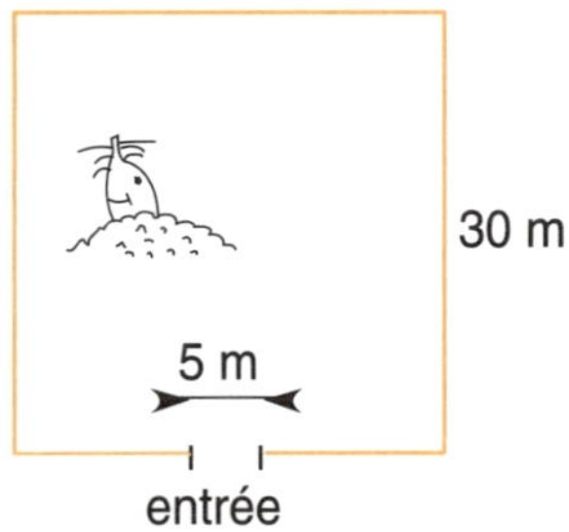

876 Reproduis cette figure. Trace son symétrique par rapport à l'axe.
**

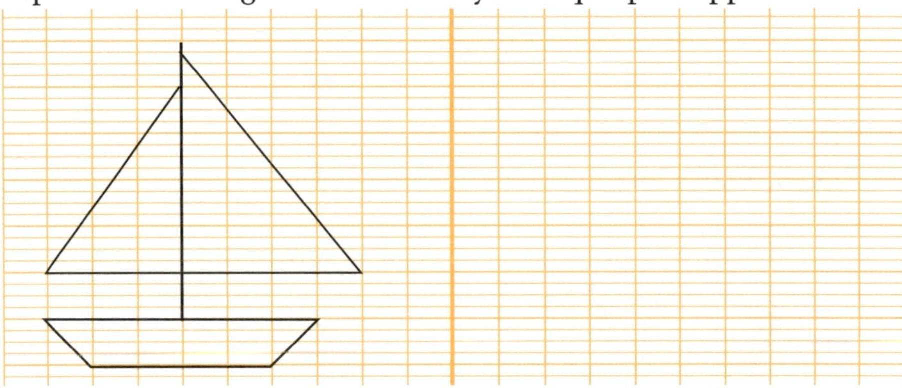

877 Voici des figures géométriques. Reproduis-les sur ton cahier, puis
** trace leur symétrique par rapport à l'axe.

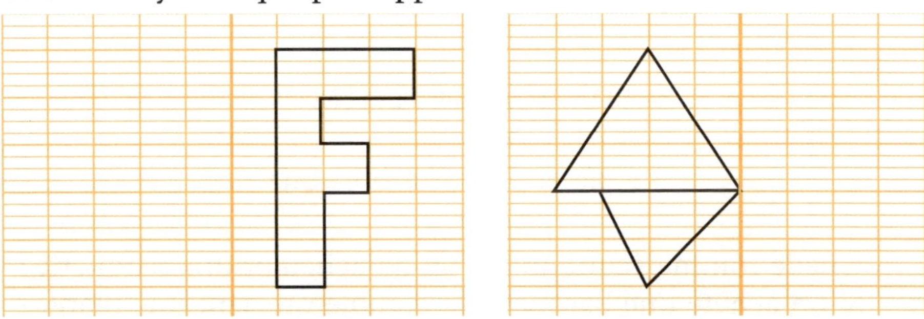

878 Dans un hypermarché, une employée prépare sa caisse de la
*** manière suivante.

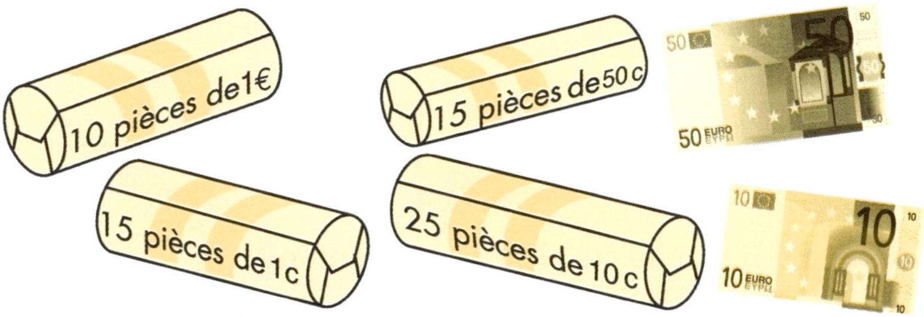

– 1 rouleau de pièces de 1 centime d'euro;
– 2 rouleaux de pièces de 1 euro;
– 4 rouleaux de pièces de 10 centimes d'euro;
– 2 rouleaux de pièces de 50 centimes d'euro;
– 5 billets de 5 euros;
– 4 billets de 10 euros;
– 3 billets de 50 euros.

Quelle somme cette employée a-t-elle mise dans sa caisse avant de commencer son travail?

879 Recopie et complète le tableau.
**

	3	7	24	15	50	
m —					150	m —
m —		42				

880 Recopie et complète le tableau.
*

	13	27	9	18	42
r —				13	
a —					47

881 Recopie et complète le tableau.
***

	32	80	72	56	64	16	8	40	24	48
d 8										
m 7										

882 Recopie et complète le tableau.
***

(m —) → (—) →

6	30	15
4		
	40	

883 Recopie et complète la suite d'opérations.
***

29 —r 11→ ☐ —m 2→ ☐ —a 5→ ☐ —r 6→ ☐ —d 5→ ☐

17 —r 9→ ☐ —m 7→ ☐ —a 8→ ☐ —d 8→ ☐ —m 9→ ☐

884 Recopie et complète la suite d'opérations.
***

25 —d 5→ ☐ —m 8→ ☐ —d 4→ ☐ —a 16→ ☐

☐ —m 4→ ☐ —d 2→ ☐ —a 5→ ☐ —r 2→ ☐

885 Une boîte pleine d'olives vertes pèse 400 g ;
* vide, elle pèse 110 g.
Quelle est la masse des olives ?

886 Le cinquième festival du « Film des grands voyageurs » se déroulera
* du 25 janvier au 10 février à Paris.
Quelle est la durée de ce festival ?

887 Un wagon contenait 16 000 L d'un produit chimique. À la suite
*** d'une collision*, la moitié du contenu s'est répandu sur le sol.
Quelle quantité de produit reste-t-il encore dans le wagon ?

888 Reproduis les carrés ci-dessous sur ton cahier.
*

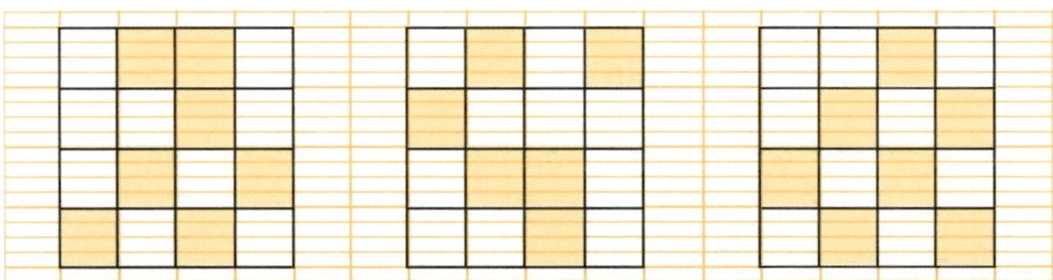

889 Reproduis les dessins ci-dessous sur ton cahier.
**

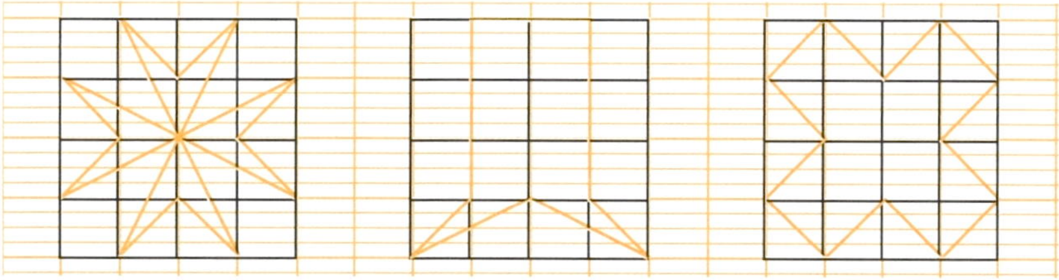

890 Reproduis les quadrillages.
* Place une étoile dans la case c2, puis parcours le chemin suivant :
↑ → ↑ ← ↓ ←
Quelle est la case d'arrivée de l'étoile après son déplacement ?

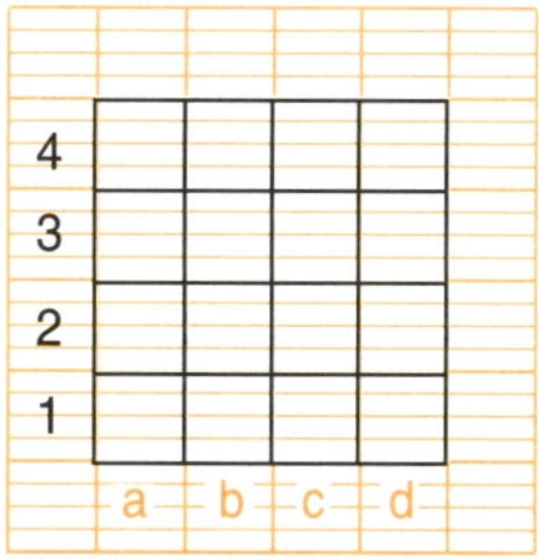

Place une étoile dans la case b1, puis parcours le chemin suivant :
↑ → ↓ → ↑ ←
Quelle est la case d'arrivée de l'étoile après son déplacement ?

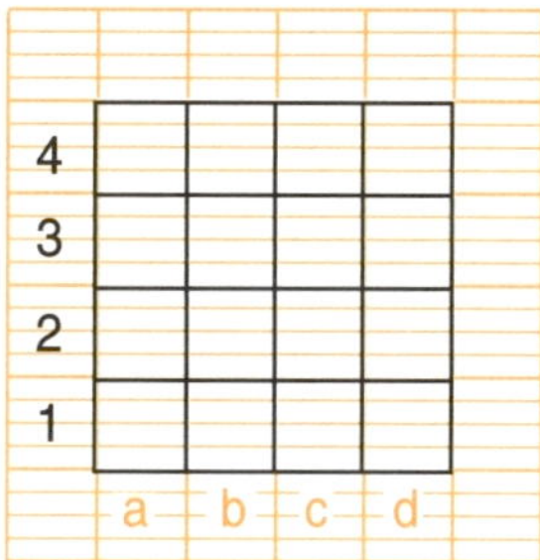

891 Trouve le code des points T, X, Y, Z.
*

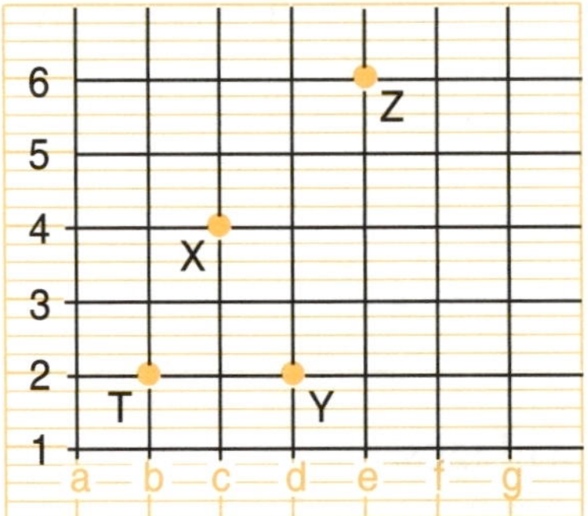

892 Reproduis ce quadrillage et place les points suivants :
* M : b1 – N : d4 – O : f3 – P : c6.

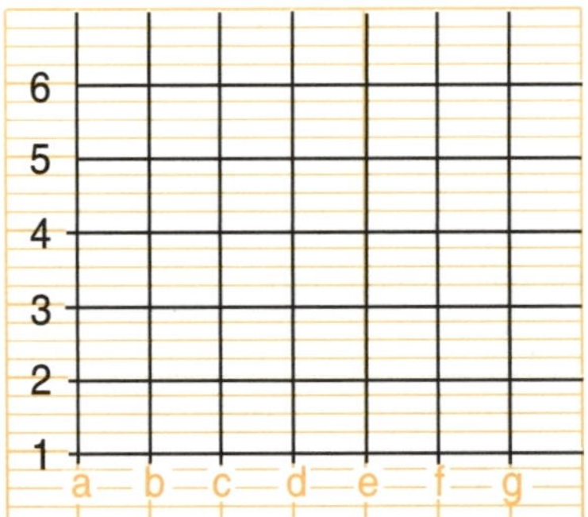

893 Voici les superficies* de quelques départements.
** Quelle est la plus importante ? la plus faible ?
Calcule la différence entre les deux.

département	superficie (en km²)
Lot	5 226
Lot-et-Garonne	5 385
Dordogne	9 224
Tarn-et-Garonne	3 730

Je travaille seul(e) – corrigés

I Découvrir et connaître les nombres

73 3 dizaines - 6 dizaines - 1 dizaine - 5 dizaines - 8 dizaines.

74 48 < 49 < 50 | 33 < 34 < 35
77 < 78 < 79 | 98 < 99 < 100
60 < 61 < 62 | 86 < 87 < 88

92 275 - 992 - 435 - 728.

93 742 = 700 + 40 + 2
555 = 500 + 50 + 5 | 997 = 900 + 90 + 7
342 = 300 + 40 + 2 | 283 = 200 + 80 + 3

113 1 426 - 2 426 - 3 426 - 4 426 - 5 426 - 6 426 - 7 426 - 8 426.

114 1 732 = 1 000 + 700 + 30 + 2
2 256 = 2 000 + 200 + 50 + 6
4 519 = 4 000 + 500 + 10 + 9
3 769 = 3 000 + 700 + 60 + 9
6 827 = 6 000 + 800 + 20 + 7

115 9 742 - 2 479.

122 XXIII - XXIV - XXV - XXVI - XXVII - XXVIII - XXIX - XXX - XXXI - XXXII - XXIII.

123 1 804 - 1 998 - 1 515 - 1 492.

127 375 :

1215 :

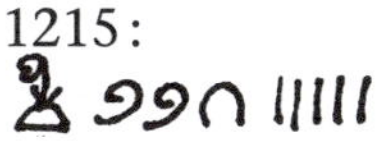

2 872 :

128 3 833 > 3 832 2 747 < 2 749.

II Comprendre et résoudre

146 42 – 31 = 11.

147 10 : 5 = 2 (ou 5 × 2 = 10).

148 5 × 23 = 115.

165 Combien maman a-t-elle dépensé (en €) ?
12 + 17 = 29.

166 De quelle longueur aura-t-elle grandi au bout de deux ans (en cm) ?
80 × 2 = 160.

167 Quelle est, en euros, la valeur de quatre pièces de 50 centimes ?
50 × 4 = 200, soit 2 €.

179 On ne sait pas combien de chaises ont été achetées.

180 Le score de Sandy sera dû au hasard. L'âge n'a aucun rapport.

192 Impossible (on ne connaît pas la différence d'âge entre les deux frères).

193 Possible (48 × 2 = 96).

194 Possible (12 h + 1 h 30 = 13 h 30).

195 Impossible (on ne connaît pas la valeur des pièces données).

208 et pèse 4 kg de plus que Mélodie – et mesure 6 cm de moins que Valentin.

209 au prix de 35 c l'un – au prix de 1 € 20 c.

220 Monsieur et madame Cassot vont au musée avec leurs deux enfants, âgés de 19 ans et 15 ans. Le prix d'un billet pour les personnes de plus de 18 ans est de 4 € 50 c. Pour les moins de 18 ans, il est de 3 €.
Combien monsieur et madame Cassot vont-ils payer ?

221 **1.** Axel prend le train à 13 h 15 à Rennes pour se rendre à Brest. Le voyage doit durer 2 h 5 min. À quelle heure doit-elle arriver à Brest ?
2. Le samedi 6 juillet au matin, Agathe arrive chez ses grands-parents. Elle doit y passer 8 jours de vacances. Quand ses parents doivent-ils venir la chercher ?

III Utiliser les nombres

247

29 + 43 = 72	75 + 23 = 98	39 + 39 = 78
60 + 38 = 98	54 + 44 = 98	51 + 47 = 98
57 + 11 = 68	12 + 65 = 77	41 + 51 = 92

248 Distance totale parcourue (en km) :
19 + 18 + 23 = 60.

271 Le nombre de quotidiens vendus dans la journée est :
137 + 193 = 330.

272

52	89	257	200	525
+ 34	+ 32	+ 188	+ 321	+ 379
86	121	445	521	904

294 Le coût total de ce salon est (en €) :
399 + 375 + 1 890 = 2 664.

295 La masse totale des diamants est (en carats) :
3 725 + 1 362 + 745 = 5 832.

317 Il lui restera (en €) :
50 – 29 = 21.

318 Nombre d'élèves dans l'école le lundi :
98 – 15 = 83.
Nombre d'élèves dans l'école le mardi :
83 – 12 = 71.

335 Somme qui lui restera s'il achète l'appareil photo sans zoom (en €) :
150 – 109 = 41.
Somme qui lui manque pour acheter l'appareil photo avec zoom (en €) :
259 – 150 = 109.

336 Quelle somme demandera-t-elle à sa maman ? Elle demandera (en €) :
229 – 148 = 81.

352 On peut calculer la différence de kilomètres parcourus entre 1999 et 2000 :
8 727 – 7 898 = 829.

353 Quantité d'essence vendue (en L) :
10 000 – 4 646 = 5 354.

393 Il a parcouru le samedi (en km) :
60 – (10 + 10 + 15) = 60 – 35 = 25.

394 Distance parcourue lors de leur excursion (en km) :
27 + 68 + 25 = 120.
Le compteur indiquait (en km) :
8 753 – 120 = 8 633.

427 Combien de bouteilles d'eau minérale a-t-elle achetées ?
6 × 3 = 18.

428 Nombre d'œufs achetés :
12 × 9 = 108.

439 Valeur de sa collection (en €) :
28 × 10 = 280.

440 Combien ont coûté les billets de tombola ?
3 × 10 = 30.

451 Nombre de marches à gravir pour se rendre au 20e étage :
17 × 20 = 340.

452 Somme gagnée (en €) :
12 × 30 = 360.

472 Nombre de photos qu'il pourra prendre :
36 × 32 = 1 152.

473 Dépense pour un groupe de 28 visiteurs (en €) :
11 × 28 = 308.

499 Prix d'un diabolo menthe (en €) :
18 : 6 = **3**.

500 6 x **9** = 54. 54 : 6 = **9**.
L'âge de chacun est donc 9 ans.

509 24 : 2 = 12 48 : 3 = 16
96 : 4 = 24 59 : 5 = 11, reste 4
74 : 8 = 9, reste 2.

510 Nombre d'étagères pleines :
141 : 9 = 15, reste 6.
Nombre de livres sur la dernière étagère : 6.

IV Mesurer, classer, ranger

562 Nombre de jours entre le 4/3/02 au matin et le 20/3/02 au soir : 17 jours.

563 4 semaines = 28 jours.
1 trimestre = 3 mois.
1 semestre = 6 mois.
12 jours = 1 semaine et 5 jours.
Le mois le plus court de l'année est le mois de février.

584 Pendule a) : 14 h 15.
Pendule b) : 18 h 20.
Pendule c) : 19 h 10.
Pendule d) : 20 h 45.
Pendule e) : 15 h 50.

585 La durée du trajet de monsieur et madame Lucet est (en h et min) :
19 h 35 – 18 h 45 = 50 min.

599 Bon de commande complété :
voir en bas de page.

632 *a)* 1 € 82 c.
b) 4 € 72 c.
c) 2 € 29 c.
d) 3 € 72 c.
e) 2 € 32 c.

article	référence	taille	quantité	prix unitaire	prix
chaussettes de tennis	3812 X	42	1	7 €	7 €
chaussettes fantaisie	3712 S	37	2	6 €	12 €
pantoufles hommes	2541 H	42	1	20 €	20 €
chaussons enfants	2241 E	38	1	11 €	11 €
				TOTAL	50 €
				frais de transport	5 €
				montant à payer	55 €

633 Prix des classeurs :
5 × 2 = 10 €.
Prix des cahiers :
3 € 50 c × 3 = 10 € 50 c.
Prix des stylos :
2 € 20 c × 3 = 6 € 60 c.
Prix total des achats d'Élodie :
10 € + 10 € 50 c + 6 € 60 c = 27 € 10 c.
La caissière doit lui rendre :
29 € – 27 € 10 = 1 € 90 c.

681

4 cm 3 mm = 43 mm	5 000 m = 5 km
170 mm = 17 cm	8 dm = 800 mm
500 cm = 5 m	12 m = 1 200 cm
205 cm = 2 m 5 cm	53 cm = 530 mm
62 dm = 620 cm	8 km 2 m = 8 002 m

682 84 dm = 8 m 4 dm
880 mm = 88 cm
3 026 m = 3 km 2 dam 6 m
79 cm = 7 dm 9 cm
1 320 m = 1 km 3 hm 2 dam
630 cm = 6 m 3 dm
7 005 m = 7 km 5 m
1 030 cm = 10 m 3 dm
805 cm = 8 m 5 cm
708 m = 7 hm 8 m

700 4 kg = 4 000 g
1 kg 2 hg = 1 200 g
2 kg 500 g = 2 500 g
5 kg 20 g = 5 020 g
375 g + 2 300 g = 2 675 g = 2 kg 675 g
720 g + 1 280 g = 2 000 g = 2 kg
2 605 g + 3 235 g = 5 840 g = 5 kg 840 g
6 kg – 275 g = 6 000 g – 275 g = 5 725 g

701 5 × 6 = 30
800 × 30 = 24 000
24 000 g = 24 kg
Masse totale des boîtes : 24 kg.

V Activités géométriques

713 Napoléon.

714 a1 - b1 - b2 - b3 - b4 - c4 - d4 - d3 - e3 - f3 - g3 - g4 - g5 - h5 - i5 - i4 - j4.

722 Le triangle occupera la case g6.

723

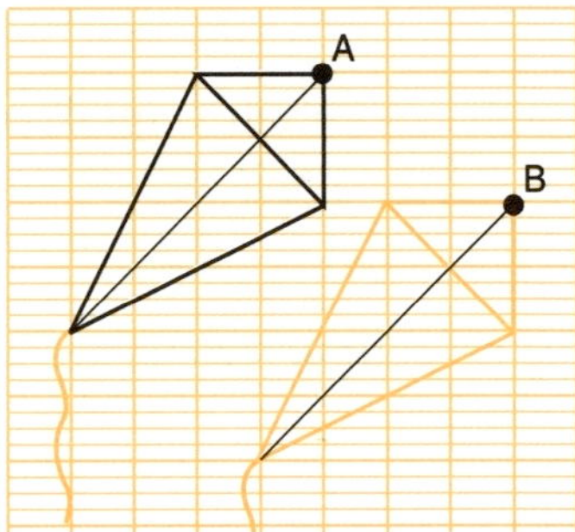

735

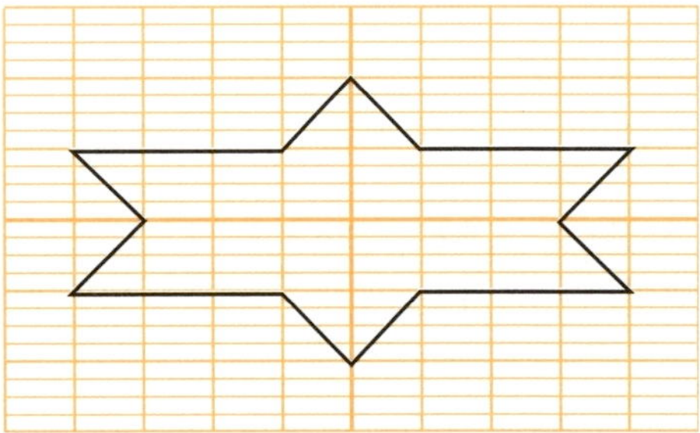

736

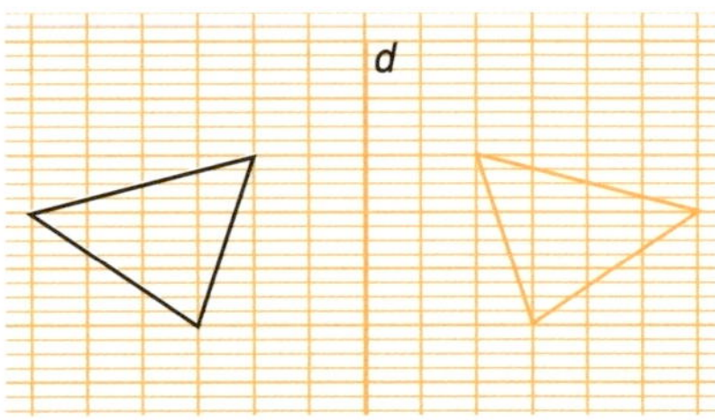

742 A3 - B5 - C2 - D4 - E1.

754 lignes droites : *a* - *c*.
ligne brisée : *d*.
lignes courbes : *b* - *e*.

755 *c)* Non, on ne peut pas tracer de ligne droite, car les points A, B, C et D ne sont pas alignés.

770 Les côtés opposés sont parallèles: figures A et B.
Les 4 côtés sont égaux: figure B.
Les côtés sont égaux 2 à 2: figure A.
Les 4 angles sont droits: figures A et B.

771 Longueur du fil de fer (en m):
$(140 + 70) \times 2 \times 2 = 840$.

783

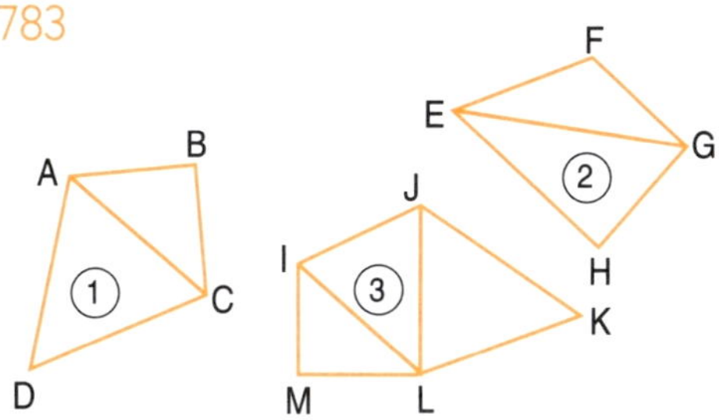

784 1 - 3 - 5 - 6 - 10 - 11.

794 1 - 5 - 7.

795 Allée Got.
Allée Thailade.
Allée des Roses.
Allée Luc.
Allée des Lys.

Lexique

Association humanitaire : groupe de personnes qui cherche à améliorer les conditions de vie des hommes.

Acquisition : achat.

Barrique : tonneau contenant 200 à 250 litres.

Canalisation : gros tuyau.

Céréale : plante à grains (blé, seigle, maïs, avoine, riz…).

Citerne : cuve, grand réservoir.

Clôturer : entourer d'une clôture (mur, grillage).

Collision : choc entre deux personnes, deux choses.

Comète : astre se déplaçant dans l'espace.

Dénivellation : différence de niveau, de hauteur.

Économie : somme d'argent qui n'a pas été dépensée.

Encyclopédie : ouvrage où l'on traite toutes les connaissances humaines.

Équitable : juste.

Fluorescent : qui produit de la lumière en recevant un rayonnement.

Identique : semblable, pareil.

Inclus : contenu, compris dans.

Marathon : course pédestre longue de 42 km 195 m.

Maximal : qui atteint le plus haut niveau.

Minimal : qui atteint le plus bas niveau.

Panonceau : petit panneau.

Paquebot : grand navire aménagé pour le transport des passagers.

Plants : végétaux de même espèce plantés dans un terrain.

Pourpre : rouge foncé.

Quotidien : journal qui paraît chaque jour.

Recette : ce qui est reçu (en argent).

Réduction : diminution du tarif.

Relayeur : coureur qui succède à un autre.

Remise : rabais, réduction consentie sur le prix de marchandises.

Respectif : qui concerne une personne ou une chose précise.

Respectivement : chacun en ce qui le concerne.

Revue : magazine.

Rucher : ensemble de ruches.

Scolarisé : inscrit dans une école.

Soldé : vendu au rabais, moins cher.

Stock : ensemble de marchandises disponibles à tout moment.

Superficie : surface.

Thuya : arbre, souvent utilisé pour réaliser des haies.

Achevé d'imprimer en Italie chez ROTOLITO (Milan)
Dépôt légal n° 23929 - 07/2002
Collection n° 03 - Edition n° 02
11/6291/6